KB236212

기욤에게
샤를에게

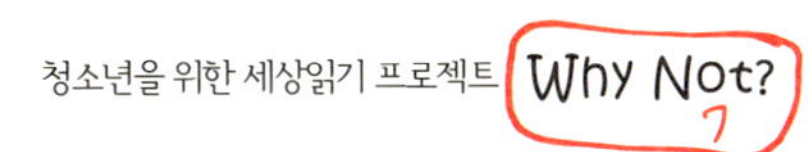

잃어버린 기쁨을 찾아서

잔 브나뫼르 지음
크리스틴 코스트 그림
오경선 옮김

청소년을 위한 세상읽기 프로젝트 _ Why Not? ⑦

잃어버린 기쁨을 찾아서

2013년 8월 9일 초판 1쇄 펴냄

지은이 | 잔 브나뫼르
그린이 | 크리스틴 코스트
옮긴이 | 오경선

디자인 | 모리스
편　집 | 김희중, 이민재

종　이 | 세종페이퍼
제　작 | 상지사

펴낸이 | 장의덕
펴낸곳 | 도서출판 개마고원
등　록 | 1989년 9월 4일 제2-877호
주　소 | 경기도 고양시 일산동구 장항2동 751 삼성라끄빌 1018호
전　화 | 02-907-1012, 1018
팩　스 | 02-907-1044
이메일 | webmaster@kaema.co.kr

ISBN 978-89-5769-152-6 43300
한국어판 ⓒ 개마고원, 2013. Printed in Seoul, Korea

• 파본은 구입하신 서점에서 교환해 드립니다.

국립중앙도서관 출판시도서목록(CIP)

잃어버린 기쁨을 찾아서 / 잔 브나뫼르 지음 ; 크리스틴 코스트 그림
; 오경선 옮김. -- 서울 : 개마고원, 2013
　　p. ;　 cm　-- (청소년을 위한 세상읽기 프로젝트 why not?;7)

원표제: ET SI LA JOIE ÉTAIT LÁ
원저자명: Jeanne Benameur
프랑스어 원작을 한국어로 번역
ISBN　978-89-5769-152-6 43300 : ₩12000

기쁨
181-KDC5　　　　　　　　　　　　　　　　CIP2013012223

Why
Not?

차례

라 마르티니에르 출판사 청소년 도서 담당이 이 'Why Not?' 시리즈 집필 건으로 연락을 해왔을 때, 저는 아주 중요한 결정을 막 내린 참이었습니다. 이제부터 제 시간을, 남아 있는 제 모든 시간을 글쓰기에 바치겠다고 말이죠.

그건 제가 오랫동안 일해왔던 곳을 떠나려 한다는 의미이기도 했습니다. 아, 어떤 곳인지 궁금하다고요? 중학교였습니다. 어떤 일이었느냐고요? 교사였죠. 힘든 결정이었습니다. 왜냐면 저는 뭔가 전달하는 일을 좋아하거든요. 그건 사람들 사이의 여러 관계맺음 가운데서도 특히 더 멋진 것 같아요. 아무튼 출판사의 연락을 받고, 이거 잘 됐구나 했지요. 전달하는 일을 계속할 수 있게 됐으니까요. 전달하는 방식이야 좀 달라진다 해도.

그리고 막상 들어가 보니, 좀 다른 이 방식이 저한테 더 잘 맞는 듯해요. 더 자유로워진 걸 느끼거든요. 그리고 제가 그렇게 자유로울 수 있는 건 독자 여러분도 자유롭기 때문일 거예요. 여러분은 이 책을 펼치든, 덮든, 또 다시 펼치든 할 수 있잖아요. 여러분 내키는 대로 할 수 있는 자유가 있죠.

책이 마음에 들지 않으면 안 읽을 수도 있고요.

작가로서 저의 자유는 독자 여러분의 자유에서 나오는 겁니다.

저는 이대로가 참 좋아요.

이전에는 주로 소설을 썼지요. 여기서는 소설 아닌 다른 형식으로 여러분에게 말을 건넵니다. 이 책에 담긴 이야기들을 쓰면서, 문득문득 정말 진심을 담은 편지를 쓸 때와 아주 비슷한 감정이 일어나는 걸 느꼈답니다. 다른 점이라면, 살면서 실제로는 만날 일이 거의 없을 사람들에게도 편지를 보낼 수 있는 기회라는 거겠지요.

그래서 제가 출판사에 '기쁨'이라는 주제로 책을 쓰겠다고 한 건 어쩌면 당연한 일일 겁니다. 무엇보다도 이렇게 글을 쓰면서 그 기쁨을 얻으니까요. 여러분께 보내는 글을 쓰면서 말이죠.

기쁨은
가르치고 배울 수 있는 게
아니라고요?

우리 모두는 인간이란 점에서 다 비슷하죠. 다들 이 지구라는 땅덩이 위에서 사는 한 어쩔 수 없는 제약을 안고 살아간다는 점에서도요. 하지만 동시에 우리 모두는 뛰어난 내면의 능력을 지니고 있답니다. 기쁨을 느낄 줄 아는 능력이죠. 제가 지금 이런 글까지 쓰게 된 것도 바로 그 능력에 대한 확신 때문입니다.

사람들은 여러분에게 이것저것 가르치는 것을 당연하게 여깁니다. 가끔은 아주 어려운 것들까지 가르치죠. 학교나 집에서는 여러분을 사회에서 일할 준비가 된 사람으로 길러내기 위해 애쓰고요.

그럼 사는 기쁨이 뭔지도 가르쳐줄 수 있지 않을까요?

자기 안에 있는 '사는 기쁨'에 더 쉽게 다가갈 수 있도록 해주는 것이야말로 모든 교육의 최고 목표 아닐까요?

여기저기서 볼멘소리가 들리는 것 같네요.

"기쁨이란 건 배우고 자시고 할 수 있는 게 아니라니깐요!"

"글쎄, 무공 전수 같은 그런 비법이 있다면야 모르겠죠."

"'오늘 기쁨 수업은 3시부터 4시까지입니다.' 이렇게요? 에이, 그건 웃기죠."

그럴지도 모르겠네요. 기쁨을 수학이나 역사처럼 가르치고 배울 수는 없을지 몰라요. 그래도 기쁨이 우리 삶을 더 환하게 밝혀줄 수 있도록 뭔가는 할 수 있지 않을까요? 적어도 우리가 거기에 대해 생각은 해본다면요!

한데 그런 게 무슨 신비한 마술이라도 되는 양 특별히 정해진 사람들에게만 허용된다고 생각들 하는 것 같아요. 그런 것에도 '타고난' 사람들이 따로 있고, 그렇지 않은 사람들이 있다는 건가 봐요. 게다가 그게 당연하대요. 왜 이렇게들 생각하는 거죠?

열 살 때쯤 학교에서 폴 포르(Paul Fort)의 이런 시를 배운 적이 있어요.

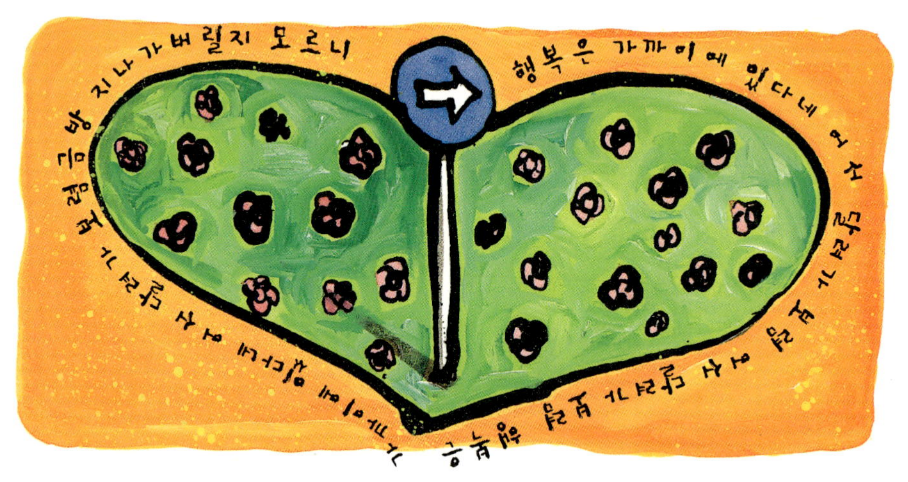

행복은 가까이에 있다네

어서 달려가 보렴, 어서 달려가 보렴

행복은 가까이에 있다네

어서 달려가 보렴, 금방 지나가버릴지 모르니

저야 많이 달려가 보았지요.

오랫동안 가까운 주변을 많이도 뒤졌고요.

그런데 도대체 행복은 어디에 있었던 걸까요?

저는 몰랐어요. 바로 제 안에 있었는데 말이죠. 믿지를 않았던 거죠, 다들 각자 자기 안에 지니고 있듯이 제 안에도 있다는 걸. 하지만 그렇다 해도 행복은 너무 깊이 감춰져 있었기에 살아 있는 기미조차 느껴지지 않았답니다.

그런데 강렬한 기쁨의 감정이 불쑥 찾아오는 때가 있거든요. 그럴 땐 도무지 그 느낌을 어찌 해야 할지 몰랐지요. 사람들 말처럼, '바로 옆에 있는 행복을 못 알아봤던 것'입니다. 그때는 그 솟구치는 감정이 물결처럼 퍼져 나가게 해, 제 인생의 무지개가 되도록 가만히 내버려두는 법을 알지 못했습니다. 그 이후로 저는 사는 기쁨을 배웠고, 지금은 그 기쁨이 맘껏 내달리도록 놔둔답니다.

그건
합리적이지
않다고요!

아가려고만 했지요. 그게 어디냐고요? 부모님과 학교 걱정이
있는, 바로 거기죠. 다들 그랬거든요. 그게 '현실'이라고요. 저
는 내색은 안 했지만, 홀로 그토록 강렬하게 맛보았던 것들이
실은 세상에 있지도 않았던 일이기를 바라기조차 했습니다.

학교에서 받은 좋은 성적에 기뻐하고 좋은 옷에 만족한다는 것은 같이 이야기도 나누고, 공감할 수도 있는 일입니다. 그건 구체적이고 눈에 보이는 거거든요. 있어도 되는 일인 거죠, 없었던 일처럼 취급 않아도 되는.

그런데 저는 분명 강렬한 기쁨을 느꼈지만 왜 그런 건지는 이유가 없었어요. 설명 불가였죠. 저는 용기를 내지도 못했습니다. 하마터면 그 감정을 없애버릴 뻔했어요. 이것 때문에, 이 '아무것도 아닌 것' 때문에 행복해하다니 미쳤다고 생각하면서요.

그런데 저를 살아가게 해준 것은 그 '아무것도 아닌 것'이었죠. 지금도 바로 그 '아무것도 아닌 것'이 저를 살아가게 해준답니다.

그런 기쁨의 순간에 저는 살아 있음을 온전히 느낍니다. 그 순간들을 뿌리치려 하는 일 없이, 그 전부를 고스란히 받아안으며 제가 지금 여기 있습니다.

저는 지금
여기
있습니다!

학교에서는 수업 시작 전에 출석을 부릅니다. 모두 자리에 있는지 확인하려는 거죠. 그리고 여러분은 "네" "여기요" "저, 여기 있어요"라고 대답합니다. 그런데 이렇게 대답하는 여러분은 정말로 그 자리에 있나요? '나'라는 사람 전부가 하나도 빠진 것 없이 온전히 그 자리에 있는 것 맞나요? '여기 있어요'라고 습관적으로 대답하는 건 학생인 여러분이죠. 나중에도 출석 확인을 하는 곳에 가면 여러분은 '여기 있습니다' 하고 답하겠죠. 그런데 여러분은 정말 그 자리에 있는 걸까요?

여우야, 여우야, 뭐하니?

살았니, 죽었니?

우리는 실제로는 그렇지도 않으면서 '여기 있다'고 답하는 습관이 있습니다.

한 걸음 더 깊이 들어가보지요. 여기 있다는 것은 뭘까요?

설마하니 그저 이런저런 것들 옆에, 어떤 대열 안에, 다른 사람들 사이 한 자리에 앉아 있다는 의미는 아니겠죠. 정말로 여기 있다고 하려면 이런 것들만 가지고는 어림도 없어요. 여기 있다는 건 내 안의 세상과 나를 둘러싸고 있는 주변을 느끼고, 분명히 깨어 있는 것이랍니다.

그렇게 할 때 비로소 나의 안과 밖을 단단히 이어주는 끈이 완성되는 거죠.

이것이 기쁨으로 가는 첫 걸음입니다.

학교 가는 길에 한껏 고개를 들어 하늘과 지붕의 색깔 바라보기, 지나가는 고양이나 나뭇잎 쓰다듬기, 누군가 미소 짓는 걸 보면 같은 미소로 화답하기 같은 것들이 바로 기쁨의 시작입니다. 자신의 몸과, 걸음을 옮기는 다리와, 덥고 추운 것에 따라 달라지는 피부 상태를 느낄 수 있다면 여러분은

전보다는 좀 더 제대로 여기에 있는 것입니다. 이렇게 여러분
은 자신의 기쁨과, 살아 존재한다는 행복이 커나갈 수 있는
마당을 준비하는 거죠. 아무것도 아닌 것들로도 그러한 마당
은 만들어진답니다.

여러분 중 얼마나 많은 학생들이 곧 치러야 할 영어나 수학
시험만 곱씹으며 등굣길을 걷는지요? 그 학생들은 시험 외에

는 아무것도 보지도 듣지도 느끼지도 않아요. 자신에 대해선 아무런 의식도 없이 내버려두고 있는 거죠.

　이런 일, 여러분도 한번쯤 겪어 봤지요? 최고로 아름다운 하늘 아래에서 최고로 상쾌한 향기를 느낄 수 있는 그런 날 인데도 아무것도 즐기지를 못하는 것. 여러분은 눈은 뜨고 있지만 정말로 보고 있는 게 아니었거든요. 진정으로 느끼지 못하는 거죠. 그 순간 여러분은 다른 데 가 있었으니까요. 이를테면, 시험에 대한 불안에 사로잡혀 있었죠. 여러분은 그렇게 '자기 바깥'에 갇힌 죄수인 겁니다.

이게 우리들 모두가 겪는 일이기는 해요. 하지만 의식적으로 조심하지 않으면 이런 일들은 반복해서 벌어진답니다.

길에서나 지하철, 버스에서 어른들을 잘 관찰해 보세요. 어떤 사람들은 공상에 잠겨 있죠. 그럴 수도 있어요. 그런데 어른들 대부분은 근심에 빠져 있습니다. 어떨 때는 심지어 작은 소리로 혼잣말을 이어가기도 하죠. 옆에 사람이 있다는 것도 깨닫지 못하고요. 어른들은 앞서 해뒀던 약속이나 저녁 식사 장보기 목록 따위를 머릿속으로 준비하는 겁니다. 이런저런 청구서 결제는 했는지, 낮에 이런저런 일을 할 시간이 충분한지…… 머릿속이 복잡해져 있는 겁니다.

그러니 그런 사람들은 지금 여기 있는 게 아니에요.

정작 이 순간에도 흘러가고 있는 자기 삶에 대해, 그것이 어떤 의미인지 생각하는 데는 시간을 내주지 않는 거죠. 영화관에 왔으면서 다른 일 걱정하느라 영화는 안 보고 있는

것처럼. 참 안타까워요. 게다가 인생에는 '재상영'이란 것이 없는데 말이죠.

여러분, '휴가'라는 단어 알지요? 황홀한 단어죠. 모두가 사랑하는 단어입니다. 휴가 기간에는 다들 편안하고 즐겁게 지내는 것 같습니다. 그런데 평소 온 하루가 다 지나가는 동안, 우리는 왜 그 사이사이 잠깐씩 짧은 휴가를 갖지 못하는 걸까요? 왜 비어 있는 시간, 여유로운 시간을 만들지 못할까요?

그 반대로는 하죠.

다른 일들이 마구 몰려들게 그냥 내버려두는 식으로. 온전히 지금 여기 있을 수 있는데, 우리 스스로 그걸 망쳐버리지요. 이렇게 된 이유는 간단합니다. 지금 여기 있는 습관을 들이지 않아서죠. 그러고는 결핍된 삶을 꾸역꾸역 살아갑니다.

우리는 여우에게 잡아먹힌 겁니다. 그런데 우리는 자기가 잡아먹혔다는 것조차 깨닫지 못하고 있죠.

그 얘기도 꼭 해야겠어요. 세상이 좋은 의도에서 우리를 가르쳐준다는 게 실은 잡아먹히는 방법인 경우가 드물지 않다는 사실을.

"숙제 잘 챙기는 거 잊어버리지 마! 이거 잊어버리면 안 돼, 저것도 잊어버리지 말고!"

저라면 여러분에게 이렇게 말하고 싶어요.

"너 자신을 잊어버리지 마."

모든 건 여기 있을 줄 아는 것으로부터 시작되는 겁니다.

스트레스 대신 기쁨을!

한국 청소년들은 일상에서 기쁨을 잘 못 느끼고 사는 만큼 평소 많은 스트레스를 받고 있다. 2011년 한국청소년정책연구원은 한국·미국·일본·중국의 고등학생들을 대상으로 평상시에 느끼는 스트레스에 대해 조사했다. '최근 1년간 스트레스를 느꼈다'라는 문항에 한국 청소년들 87.8%가 그렇다고 답해 가장 높았으며, 일본(82.4%)–미국(81.6%)–중국(69.7%) 순이었다. 스트레스의 원인 제1위는 단연 공부 문제(72.6%)였다. 다음으로 진로(53.2%)–부모와의 관계(36.5%)–친구관계(35.2%)–외모(31.9%) 순이었다.(여학생만 따졌을 때는 외모가 41.6%로 1위)

반면 한국의 부모들은 자녀들의 이런 스트레스를 덜어주는 역할을 잘 하지 못했다. '부모님께서 나의 고민을 들어주신다'라는 문항에 대해 그렇다고 답한 학생들의 비율은 한국이 가장 낮았다.(60.7%) 또한 한국에서 가족간 주된 대화 주제는 '학교 공부'였으며, 높은 등수에 들라고 요구하는 부모들도 한국이 가장 많았다.

청소년들이 스트레스를 해소하는 방법으로 남학생은 '게임'이 가장 많았고(49.6%) 여학생은 '음악듣기'가 가장 많았다.(44.1%) 전체적으로 보면 영화·예능프로 보기–음악듣기–게임–수다떨기–잠자기 순이었으며, 일부 청소년들은 '흡연 음주'라는 잘못된 스트레스 해소법에 의존하는 것으로도 나타났다.

갖고, 갖고,
또 계속
가져야
한다고요?

소중한 순간을 누리기에 족한 여유를 가지려면 몰려드는 방해꾼들에 대항할 줄도 알아야 합니다.

우리가 사는 세상은 '갖다'라는 동사를 참 많이 쓰지요. 좋은 차를 갖고 있다, 좋은 집을 갖고 있다, 이런저런 유명 상표의 옷을 갖고 있다…… 이런 식으로요. 우리는 날마다 새롭게 '가져야 하는 것들'과 대결해야 합니다. 점점 더 많이 우리의 시간을 갉아먹어 들어오는 광고는 정말이지 충격적인 수준이에요.

지하철에, 시내 도처에, 잡지 속에 광고는 늘 보입니다. 특히 텔레비전에는 광고 천지죠.

광고의 역할은 이런저런 물건들을 갖고 싶다는 욕망을 불러일으키는 거예요.

광고에는 특별한 기술도 있답니다. 행복해지려면 반드시 그 자랑해 마지않는 물건을 가져야 한다고 설득하는 것 말이죠.

잘 보세요! 이 남자들과 여자들의 밝은 미소와 빛나는 눈을요. 오로지 기쁨만을 느끼고 있는 것 같아요! 우리는 그 사람들이 부러워집니다. 그들처럼 되고 싶어서요. 바로 그들 자리에 앉아서 말이죠. 그렇다면 뭘 해야만 하죠? 광고가 말해 줍니다. 쉬워요. 이런 스마트폰, 아니면 저런 식기세척기를 사면 된답니다. 사기만 하면 된다고요? 그럼요, 가지려면 사야죠! 갖고, 갖고, 갖고. 그런데 뭘 갖는 건가요? 기쁨이요? 그 사람들 얼굴에 그려진 행복이요?

아니, 아니에요. 결코 그렇지 않습니다. 물건이나 재산을 하나 더 갖게 되면 기분이 즐거울 수도 있고 만족스러울 수도 있겠죠. 하지만 기쁨은 그런 것들과는 전혀 종류가 다르답니다.

여러분은 저와 만날 때면 제가 쓰는 글에 대해 이것저것 묻고는 합니다. 언제부터인가는 저도 여러분에게 질문을 몇

가지 하는 습관을 들였습니다. 우선은 기쁨과 관련된 질문을 합니다.

"여러분에게는 어떤 일이 기쁨을 가져다주나요?"

대개 처음에는 조심스런 대답들을 합니다. 여러분의 진짜 모습은 안 보이죠. 대개 물건 얘기부터 합니다. 당연히 뭘 갖고 싶다는 얘기가 따라 나오고요.

"그래요. 그런데 그런 것을 빼고 나면 또 무엇이 기쁨을 줄 수 있을까요?"

국제단편영화제가 열리는 클레르몽페랑에서 만났던 중학교 2학년 여학생 클레망틴이 기억나는군요. 수줍어했지만 목소리에는 힘이 있었죠.

"탄생이요."

이렇게 대답하고는 살포시 미소를 짓더라고요. 그건 진짜 미소였죠. 정말 멋졌어요. 그날 하루를 종일토록 환하게 빛내줄 미소였습니다. 함께 있던 모두에게 주는 선물이었죠. 다른 학생들의 대답도 이어졌습니다. 맞아요. 동생들이 태어났을 때요. 그렇죠. 그 탄생이 기쁨을 줄 수 있어요.

또 다른 도시에서 만난 디미트리는 부모님과 나누는 대화, 산책에 대해 얘기해주었어요. 쟈비에는 아빠가 힘들게 일하시느라 자기와 함께 보낼 시간이 별로 없는 데 대한 아쉬움을 토로하며, 아빠에 대한 속깊은 정을 보여주기도 했고요. 친한 친구들과 즐겁게 보낸 시간에 대해 말했던 학생들도 있었지요. 티보는 강아지들과 함께 잠드는 기쁨을 고백하기도 했습니다. 강아지 특유의 냄새도, 강아지 털도 그렇게 좋다는군요. 기쁨이란 이렇게 단순한 겁니다. 기쁨은 얻고 싶은 사람에게 언제든 대가 없이 이렇게 주어진답니다.

뭔가를 끊임없이 갖고자 하는 마음에서 벗어나는 순간, 여러분의 눈빛과 미소 속에는 뭔가가 또렷이 나타납니다. 네, 여러분도 기쁨의 순간들을 살아 봤죠. 사랑하는 사람들은 그 존재만으로도 우리에게 기쁨을 줍니다. 사랑하는 사람들과 함께 보낸 시간, 함께 지내온 삶이 우리에게 기쁨을 주는 것이죠. 이건 어떤 물건을 사겠다는 꿈과는 차원이 다른 것입니다. 더구나 그게 무슨 물건이 됐든, 그 꿈은 나 아닌 다른 사람이 만들어 놓은 꿈이잖아요.

₩800,000
₩120,000
₩200,000
₩50,000
₩?
₩100,000
₩350,000
₩?

뭔가를 끊임없이 갖고자 하는 마음에서 벗어나는 순간, 여러분은 본래의 자기 자리에 앉아 있었지요. 저는 그걸 느꼈습니다. 그 느낌이 정확했고요

그런데 말이죠, 우리가 사는 이 세상은 돈으로 살 수 없는 것이 기쁨의 원천이라고는 절대로 말해주지 않는다는 사실, 저도 압니다. 너무나 슬픈 일이죠.

우리 사회는 상품 생산과 소비를 중심으로 돌아가거든요. 그러니까 상업적 가치가 없는 것들을 광고에서 다루는 일은 결코 없지요. 그러니 홍보 포스터나 광고 카피, TV 광고에 너무 휘둘리면 정말 중요한 것을 못 보게 될 수 있습니다. 물건을 갖는 것이 기쁨의 본질이 아님에도 그 뒤만 좇게 될 수 있어요. 그리고 이런 욕망의 경주에서는 다들 자기 호흡을 잃어버리고 맙니다. 그 욕망은 계속해서 다시 채워줘야 하거든요. 유행이란 것도 이래서 생겨난 것이고요. 물건을 갖는다고 생기는 만족은 잠깐이면 사라져버립니다.

그건 기쁨이 아니지요.

증거가 여기 있습니다. 기쁨에는 값이 매겨져 있지 않다는

사실!

그건 돈으로 살 수가 없답니다.

하필 돈을 받지 않는 '무료'거든요.

이제 우리가 할 일은 미끼에 현혹되지 않는 것입니다.

성적
불행
과
공

그럼
성적은요?

여러분 나이에 기쁨이란 아직 힘도 없고 부서지기도 쉽다는 거, 저도 잘 압니다. 가장 가까이에 있는 사람이 그 기쁨을 오히려 망가뜨리기도 한다는 것도 알고요. 물론 그 사람은 정말 좋은 의도에서 한 행동이라지만 말이죠.

사람들은 항상 이렇게 말합니다.

"너 잘 되라고 그러는 거야."

이제부터 제가 하는 얘기는 여러분들뿐만 아니라 부모님들도 함께 읽어보셨으면 좋겠습니다.

전국 각지에서 청소년들을 만나면서, 저는 여러분의 기쁨이 끔찍한 기준에 좌우된다는 것을 또렷이 확인했습니다.

한 번은 래티티아(12세)라는 학생에게 질문을 해봤죠.

"살면서 네가 기쁠 때는 언제인지 말해줄래?"

솔직하게 나오는 대답이란 이런 것입니다.

"좋은 성적 받을 때요."

이른바 수업 수준이 높다는 학교나 보통이라는 학교나 어디를 가든지 이 대답은 변하지 않더군요. 대화를 하다 보면 언제든 꼭 나오는 답변이지요. 그래서 특별히 이 장에서는 이 주제만을 다루도록 하겠습니다.

저는 이런 질문도 해봤습니다.

"그러면 너의 기쁨을 망치는 건 어떤 거니?"

먼저 나오는 대답들 중 하나는 언제나 이런 겁니다.

"나쁜 성적이요."

이렇다니까요. 이건 언제든 확인할 수 있는 사실이죠. 비록 래티티아라는 학생 한 명에게서만 답을 받았지만, 이건 여러분 중 대다수가 입증해줄 수 있는 사실이지요. 그러니까 성적이 좋다, 나쁘다는 게 여러분이 느끼는 기쁨의 지표(指標)라는 얘기인데, 그게 무슨 자격으로 기쁨을 느끼고 말고 하는 기준이 되는 거죠?

시험 성적이 여러분이 뭔가에 대해 이해를 잘 했는지, 암기는 제대로 했는지, 배운 지식을 활용할 수 있는지를 알게 해 주는 건 맞지요. 그러니 좋은 성적을 받고 만족을 느낀다는 건 자연스런 일이죠. 마치 자동차 엔진이 잘 돌아가는 걸 볼 때처럼, 우리도 뇌라는 대단한 연장이 자기 '일'을 잘 하고 있다는 것을 보며 만족하는 거야 얼마든지 가능한 일이죠. 충분히 이해가 됩니다. 그런데 제가 확인한 바로는 말이죠, 여러분이 말하는 그 '좋은 성적'을 받았을 때의 기쁨이란 제가 방금 얘기한 만족을 뜻하지는 않더군요. 여러분에게 시험 성적이란 중요한 것, 무섭도록 중요한 것이죠. 하지만 이 지극히 단순한 평가, 단순한 측정 도구가 어떻게 여러분에게 그토록 막대한 영향력을 행사하게 된 걸까요?

시험 성적이란 게 단지 여러분 자신이나 여러분의 능력에 한해서만 의미를 갖는 거라면, 그 정도로까지 중요하게 여기는 풍조가 생기지는 않았을 거예요. 그렇게 된 데는 분명 '다른 사람들'의 부분도 관련돼 있다는 게 제 생각이에요.

친구들보다 뛰어나고, 그렇기 때문에 높은 평가를 받으면

행복
100점
불행
0점

서 얻게 되는 '존중'에 관한 얘기이기도 할 겁니다. 하지만 그건 남을 베면서 나도 베일 수 있는 양날의 칼로 돌아올 수 있답니다. 예컨대, 반에서 일등이라는 것 때문에 미움을 받을 수도 있듯이 말입니다. 저는 여러분의 기쁨에 성적이 미치는 영향력이 이렇게나 커진 데는 어른들에게 훨씬 더 책임이 있다고 생각합니다.

우선 교사들 책임을 거론할 수 있겠지요. 선생님께 칭찬 받

는 것은 기분 좋은 일이니까요. 칭찬 받으면 당연히 뿌듯한
자부심도 느낄 거고요.

그러나 '좋은' 성적이니 '나쁜' 성적이니 하는 건 이러저러
한 어떤 이유들보다 제일 먼저 여러분의 부모님이 가진 잣대
에서 나오는 겁니다.
제가 착각하는 건가요? 선생님이 숙제를 내주면 여러분 마

음은 벌써 집에 가서 할 걱정부터 앞서지요? 채점한 시험지를 돌려줄 때마다 이런 소리는 또 얼마나 많이 들었던지…….

"에휴, 집에 가면 이제 난 죽었다."

"아, 엄마한테 또 엄청 깨질 거야."

아니면 "젠장, 또 TV도 못 보고 나가 놀지도 못 하겠네."

말하지 않아도 여러분은 온갖 벌칙 목록을 다 꿰고 있을 거예요. 다 외우다시피 하니까요. 안 그래요? 마음속 걱정으로 얼굴이 굳어서는 말조차 못 하고 있는 학생들 얘기야 굳이 할 필요도 없겠죠.

이처럼 학업 평가는 원래 목적과는 아주 다른 것이 돼버렸습니다. 다시 한 번 얘기할게요. 평가는 여러분의 지식을 측정하기 위한 단순 도구인데, 그게 지금은 엄청난 무게로 여러분을 짓누르게 되었단 거죠.

성적 때문에 많은 일들이 벌어지고 있는데, 그 모든 일들 중에서도 특히 한 가지에 대해서는 제가 조금 더 얘기해보고 싶군요. 저는 그게 삶에서 아주 중요한 일이라고 보니까요.

청소년의 행복지수

한국 청소년들은 과연 기쁘고 행복하게 살고 있을까? 불행히도 그렇지 않다.

한국방정환재단과 연세대학교 사회발전연구소는 매년 공동으로 전국 초등학교 4학년에서 고등학교 3학년까지를 대상으로 청소년 행복지수에 대한 대규모 설문조사를 실시하는데, 대한민국 청소년들이 느끼는 '주관적 행복감'은 6개 질문 항목 가운데서 4년 연속 꼴찌였다.(2009년~2013년) 원래 행복지수는 유니세프(UNICEF)가 지정한 여섯 항목(물질적 행복, 보건과 안전, 교육, 가족과 친구관계, 행동과 생활양식, 주관적 행복)으로 구성되는데, 한국 청소년들은 다른 5개 항목에서는 점수가 고르게 높았지만 '주관적 행복'에선 다른 국가들에 비해 유독 낮았다. 한국 어린이·청소년들의 주관적 행복지수는 72.54점으로 스페인(117.23점)보다 40점이나 낮았고, 22위인 벨기에(85.65점)와도 10점 이상 차이가 난다. 스스로 행복하다고 답한 고등학생은 고작 11.7퍼센트였다.

한국 청소년들의 가장 큰 걱정은 대학입시이며, 그 다음으로 외모와 부모에 대한 불만이 뒤를 잇는다. 높은 비율의 학교 폭력 또한 청소년들을 불행하게 만드는 주요 요인이다. '청소년 자살률 세계 1위'라는 현실에 둔감한 이 한국 사회야말로 청소년들에게 '사는 기쁨'을 돌려주어야 할 책무가 있다.

빛

은 연극 무대를 한번 상상해 볼까요.

저녁이고, 식사 시간입니다. 식탁에는 어른 두 명과 아이 한 명이 있습니다.

남자: 아이고. 오늘 지치네. 일하면서 기진맥진했어.

여자: 응, 난 말이야, 말하기도 힘들어…… 항상 이래. 그냥 쉬고 싶어…….

(남자와 여자는 피곤하다. 너무 피곤하다. 잠시 후 그들은 아이에게 말을 건다.)

여자: 그래, 우리 귀염둥이, 오늘 학교에서 잘 했니?

아이: (난처해하며) 응, 그냥 보통…….

남자: 성적 나왔니?

국어 30점

아니: (아주 난처해하며) 응…….

여자: 어떻게 나왔니?

아이: 음……, 국어가 30점…….

남자: 뭐, 30점? 아니 그걸 말이라고 해! 그 성적으로는 절대 학년 못 올라간다. 으휴……, 이번 학기 네 평균 점수 볼 만하겠구나. 잘한다, 잘해!

아이: 하지만 내 잘못이 아니야……, 내가…….

남자: 그럼 아빠 잘못이겠구나! 아니, 그렇게 말하다니, 정말 못됐구나! 니 잘못이 아니라고? 엄마랑 아빠는 너를 위해 일하고 있는데. 허리띠 졸라매고서. 그런데 넌, 넌 하는 게 뭐냐? 아무것도 안 하고 있어. 하는 일이 없다고. 너를 성공시키려 우리가 '뭐든지 다' 해주는 동안 넌 '아무것도' 안 하고 있어! 뭐 공부하는 데 필요한 게 없기라도 한 거야? 뭐가 부족하니, 응?

아이: 아무것도 안 부족해……. 뭐가 부족하다고 얘기한 적 없어…….

여자: 아, 엄만 이제 지쳤어. 프랑소아, 넌 엄마를 괴롭히는

구나. 조금 더 노력할 수 없니? 엄말 기쁘게 해주렴. 만점 받으라고 하지 않을게. 그런데 못해도 평균은 받아야지.

남자: 얘는 부모를 기쁘게 하는 일, 그런 거 생각도 안 한다고. 실망이구나, 프랑소아. 내가 미리 얘기하는데, 너한테 실망이야.

이 작은 연극이 뒤로 어떻게 이어질지는 더 쓸 필요도 없겠지요. 여러분이 더 잘 알 테니. 저마다 상황에 따라 다른 요소들을 넣어가며 이 연극을 할 수도 있을 거예요. 한 부모님과만 사는 아이, 형제자매가 많은 아이, 좋은 성적을 받는 아이와 비교당하는 아이의 경우 등등. 또 이런 내용도 추가할 수 있겠네요.

"내가 네 나이 때는 공부하는 데 필요한 거 제대로 갖지도 못했어!"

이 주고받기 대화 속에서 묘하게 드러나는 게 있네요. 뭘까요? 아이가 어른들에게 뭔가 빚지고 있다는 이야기인 듯하네요. 어른들은 아이가 잘 클 수 있는 환경을 마련하기 위해 일하고 있다는 거죠. 일종의 보상인 셈입니다. 양팔저울에서 균형을 맞추는 것이랄까요.

한쪽은 어른들의 노력과 걱정이고.

다른 쪽은 어른들을 기쁘게 해주기 위한 아이의 노력인 거고.

그런데 문제가 있네요. 첫번째 문제는 그게 잘못된 저울이라는 겁니다.

아이가 기울인 노력을 측정하는 게 아니라, 그저 눈으로

확인할 수 있는 수치만을 측정하고 있으니까요. 한 단원을 익히기 위해 많은 시간을 쏟았는데 시험에서 그게 잘 생각나지 않을 수도 있잖아요. 성적은 여러분의 노력이나 의도를 그대로 나타내주는 건 아니거든요. 그건 단지 결과 확인일 뿐이죠. 그뿐이에요. 부모님을 기쁘게 해드리고 싶은 마음이 아무리 컸다 해도 최종 성적에는 아무것도, 전혀 아무것도 나타나지 않을 수 있는 거죠.

두번째 문제는, 이게 가장 큰 문제인데, 이 저울이 별로 쓸 모없다는 겁니다. 쓰레기통에나 버리는 게 딱 좋을지 몰라요.

'빚'에는 기쁨이란 게 있을 수 없지요.

여러분은 부모님께 갚아야 할 아무런 빚도 없습니다.

부모님께서 여러분이 잘 크도록 도움을 주는 것은 부모님이 여러분을 세상에 낳았고, 그래서 여러분이 스스로를 책임질 수 있을 때까지는 여러분의 보호자가 되기 때문입니다. 아주 간단해요. 부모님은 여러분을 사랑하고, 사랑하는 사람에게 좋은 일을 해주는 건 누구에게나 무한한 기쁨이지요. 부모님이 피곤해서 하시는 얘기는 신경 쓰지 마세요.

여러분은 부모님께 좋은 학교 성적을 빚지지 않았습니다.

부모님으로부터 받은 삶에 대한 대가로도 갚아야 할 건 아무것도 없고요.

여러분은 이 모든 빚에서 자유롭습니다.

이 자유가 없다면, 기쁨이란 것도 기대할 수 없을 겁니다.

여러분도 부모님께 기쁨을 드리고 싶을 거예요. 부모님을 사랑하니까요. 그런데 여러분이 부모님의 행복을 위해 만들어 낼 수 있는 일은 마음만 먹으면 수천 가지도 넘는답니다. 여러분 마음껏 말이죠. 상상 속의 빚 때문에 강요받지 않으니 얼마든지 자유롭게!

여러분이 할 수 있는 일은 이렇게 수천 가지예요.

여러분이 고르는 바로 그 수만큼 수천 가지죠.

영어나 수학에서 합격점을 받는 일이 지금은 힘들다면, 여러분은 활시위로서 분명 또 다른 화살을 갖고 있을 거예요. 그걸 날려 보는 건 어떨까요? 그게 단지 학업 성적이라는 화살이 아닐 뿐, 뭐가 문제겠어요.

그건 여러분이 부모님께 불러 드릴 수 있는 노래일 수도 있고, 부모님께 보여줄 춤일 수도 있고, 아니면 부모님을 위한 요리거나 간단한 청소일 수도 있어요. 여러분은 붓으로, 아니면 글로 부모님께 여러분이 인상 깊게 본 하늘의 빛깔을 전해 드릴 수도 있고, 그림을 그려 드릴 수도 있어요. 부모님을

안아 드릴 수도 있고요.

　그래요, 여러분은 자신이 사랑하는 사람들에게 언제라도 기쁨을 선사할 수 있습니다. 그리고 기쁨은 바로 그때 한 걸음 다가온답니다. 여러분의 선물을 흐뭇하게 바라보는 눈길 아래 그 기쁨을 나누게 될 겁니다. 여러분을 안아주는 품속에서 그 기쁨을 느낄 거고요. 분명히 그렇게 될 것입니다.

여러분의 부모님도 마찬가지고요.

자, 우리가 조금만 다른 눈으로 '학교 성적'을 바라본다면, 우리가 거기서 '빚'이라는 무게를 들어낸다면 그것은 그저 단순한 측정 도구라는 제자리로 되돌아갈 것입니다.

이 얘기에는 학교의 책임도 빠져서는 안 된다는 걸 저도 압니다. 과연 학교는 학생들을 배려한 어휘 선택을 하지 못하는 실수만 하고 있는 걸까요?

형편없는
아무짝에도 쓸모없는 나쁜
지저분한
더 잘하기 위해서는
공부해야 한다
통과한

말의
무게

지저분한
열정, 의지,
노력해야 한다
더 잘하기 위해서는
형편없는
겨우 통과한
할 줄 아는 게 없다
성적이
내려간다
주의
요망!

어난 성적도 있고 부족한 성

적도 있죠.

뛰어난 학생도 있고 부족한 학생도 있습니다.

학기말 성적표에는 의견이 들어갑니다.

'하고자 하는 마음이 있다면 더 잘 할 수 있을 겁니다.'

여러분을 가르치는 사람들의 입에서, 또 그들의 펜 아래서
끊임없이 되풀이되는 이 '뛰어나다' '부족하다'는 말들은 학
습의 성공이나 실패를 쉽사리 도덕의 문제로 바꿔 놓습니다.
어떤 걸 가진 사람이냐는 '소유(have)'의 개념이 어떤 됨됨이
의 사람이냐는 '존재(be)'의 개념으로 어떻게 한순간에 미끄
러져 버리는지를 한번 보세요.

'여러분은 형편없는 성적을 받았습니다' = '여러분은 형편없는 사람입니다'

이 방정식은 명백히 틀렸지요.

그러나 그 효과는 무서울 만큼 큽니다.

'부족한 성적'이란 소유가 '부족한 사람'이란 존재로 간단히 전환되어버리는 식입니다. 부족한 성적을 받았다는 게 인간으로도 부족한 것인 양 결정돼버리는 거죠. 그리하여 이제 우리는 아주 간단하게 스스로를 형편없다고 말하게 됩니다. 우리는 부족해요, 우리는 형편없어요, 아예 타고나기를 부족하게 타고났다고 하지 그래요? 이렇게 존재 자체가 부족한 사람이 되고 맙니다. 영어나 수학도 원래부터 타고나서 잘하는 사람이 있고, 그렇지 않은 사람이 있다고들 하죠? 그래서 사는 기쁨도 타고나서 재미있게 사는 사람들이 있고, 그렇게 못하는 사람들이 있다던가요?

그런데요, 그렇지 않아요. 운명이나 필연 같은 건 없어요. 연습문제 하나 잘 풀지 못 했다고 즉시 부족한 사람이 되는 법은 없어요. 여러분은 그저 부족한 성적을 받았다는 실패

나는 형편없는 나는 형편없
나는 형편없는 나는 형편없
나는 형편없는 나는 형편없
나는 형편없는 나는 형편없
나는 형편없

상황 속에 잠시 있는 것뿐이에요. 그리고 여러분에게 필요한 건 그 상황을 벗어날 열의일 뿐이고요.

열의는 뭔가를 할 수 있다는 확신에서 나오는 힘입니다. 여러분 스스로가 '나는 형편없는 사람이다'라는 데 설득당한다면, 그 열의는 여러분에게서 멀어질 겁니다. 힘이 빠져나가 버리는 거죠. 여러분에 대한 외부의 판단이 여러분 자신보다도 더 강한 힘을 갖도록 내버려뒀기 때문입니다. 그렇게 되면 여러분을 좌지우지할 힘을 갖는 것은 이제 그런 외부의 판단입니다. 여러분으로선 더 이상 어찌 해볼 도리가 없게 되는 거죠.

어려움에 처한 등산가에게 이렇게 말한다면 어떨까요? 해내려는 마음이 없다고요. 그 등산가는 자기가 할 수 있는 모든 힘을 다하고 있는데 말이죠. 사람들이 그를 형편없다고 몰아세운다면, 그건 힘겨운 등산을 계속해 가는 데 당연히 도움이 안 될 겁니다. 이건 학생들의 경우도 마찬가지죠.

학생이라는 말의 의미가 궁금했던 적 있나요? 학생(프랑스어로 학생을 뜻하는 단어는 '엘레브*élève*'로, '들어올리다''기르다'

have
HAVE
have
have
have
have
have
have
have
be

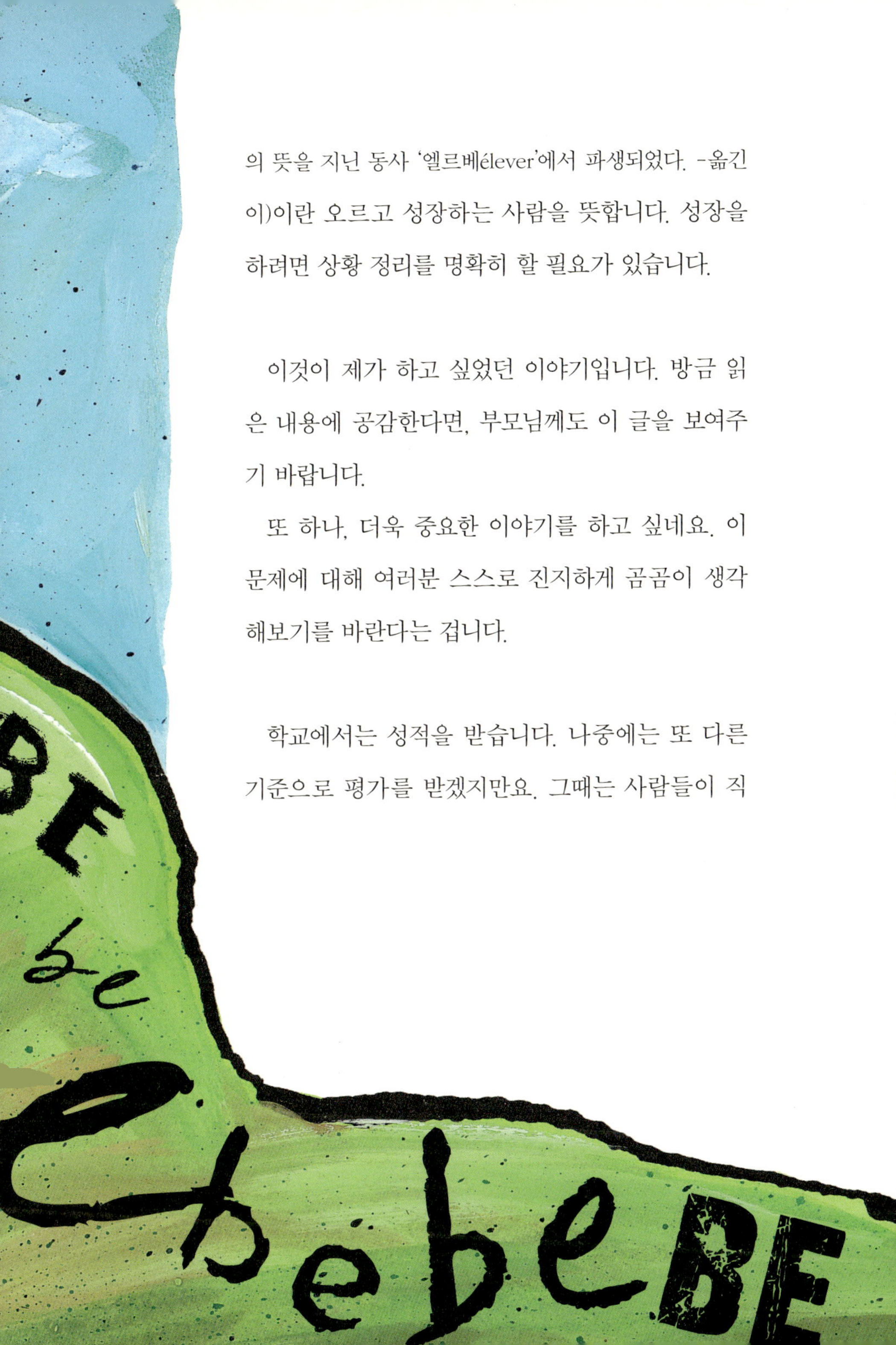

의 뜻을 지닌 동사 '엘르베élever'에서 파생되었다. -옮긴 이)이란 오르고 성장하는 사람을 뜻합니다. 성장을 하려면 상황 정리를 명확히 할 필요가 있습니다.

이것이 제가 하고 싶었던 이야기입니다. 방금 읽은 내용에 공감한다면, 부모님께도 이 글을 보여주기 바랍니다.

또 하나, 더욱 중요한 이야기를 하고 싶네요. 이 문제에 대해 여러분 스스로 진지하게 곰곰이 생각해보기를 바란다는 겁니다.

학교에서는 성적을 받습니다. 나중에는 또 다른 기준으로 평가를 받겠지만요. 그때는 사람들이 직업적 기준으로 여러분을 평가하게 되겠지요. 성적이나 직업과 같은 그 사람의 소유로써 그 사람의 존재를 판단하지 않는 습관을 일찍부터 들여놓는다면, 여러분은 자기 본연의 힘과 용기를 더 수월하게 지킬 수 있을 겁니다. 기쁨, 성장하는 기쁨, 즉 앞으로 나간다는 기쁨이 있을 거예요. 지금 여기 있다는 기쁨 말이죠. 자기들이 쓰는 말에 어떤 의미가 담겨 있는지에 대해 별로 관심 없는 사람들한테는 안 된 일이지만요. 여러분은 무심코 쓰고 있는 말들의 숨은 뜻도 바로 알고 쓰게 될 겁니다. 저는 항상 생각했습니다. 말에 죄가 없는 게 아니라고요. 한 마디 말이 남에게 도움을 줄 수 있는 그만큼 남을 파괴할 수도 있습니다. 제가 글쓰기에 몰두하게 된 데는 분명 이런 이유도 있을 겁니다.

소유와 존재 사이의 차이를 여러분도 또렷이 구분하여 이해하게 되길 바랍니다. 그리고 훗날 여러분은 여러분의 아이들에게도 그 차이를 분명하게 가르쳐주기 바랍니다.

청소년 희망직업군의 변화

한국 청소년들은 미래에 어떤 일을 하길 소망할까? 1980~1990년대 초반 무렵까지 한국 어린이와 청소년들의 장래희망 1순위는 단연 과학자였다. 검사와 판사, 변호사 등도 많았고 의사, 경찰관, 교사 등도 대표적인 장래 희망직업이었다.

최근에는 청소년들의 희망직업이 많이 달라졌다. 한국직업능력개발원의 조사 결과(2012년)를 보면, 중고생의 경우 초등학교 교사(8.8%)가 최고의 선호 직업이었으며 의사(4.5%)와 공무원(4.1%)이 그 뒤를 이었다. 남녀 간에 차이도 있어서 여학생들은 초등학교 교사를 압도적으로 1위로 뽑은 반면, 남학생들은 공무원이 1위였다.

이런 장래희망의 변화는 청소년들이 소중하게 여기는 가치가 변화한 데 따른 것이다. '행복하기 위해 가장 필요한 것은 무엇인가'라는 질문에 청소년들은 고학년으로 올라갈수록 '돈'이라고 답하는 비율이 높은데, 안정적인 직장을 선호하는 양상을 잘 보여준다. 미래의 삶에 대한 불안이 갈수록 심해지는 현실이 그대로 드러나 있는 셈이다.

자유롭다는 기쁨

어렸을 때 제 방 창문을 열려면 우선 팔을 벽과 창살 사이로 끼워 넣어야 했습니다. 창문에 창살이 있었거든요. 알 수 없는 인생의 우연으로 아버지는 교도소 쪽에서 일을 하고 있었습니다. 어머니는 사실 아버지가 산림청 공무원이 되기를 바라셨지요. 어머니는 자연과 어울려 사는 숲속의 집을 꿈꾸셨으니까요. 결과만 놓고 보자면 우리는 교도소 행정국의 사택에서 살게 되었습니다. 감옥에서 살게 된 거죠.

그 덕분에 제가 얘기한 행동 있잖아요, 창문을 열기 위해 벽과 창살 사이로 팔을 넣던 일은 제 삶의 일부가 되었습니다. 제가 알아차릴 틈도 없이 제 삶 속에 들어와서 새겨졌죠. 수 년 동안이요. 오늘 또 그래야 한다면 정말 싫다는 생각이 들 겁니다. 그러나 오늘, 저는 선택을 합니다.

저에게 기쁨은 언제나 자유와 연관이 있었습니다. 왜 그런지 여러분은 이제 잘 이해해줄 테죠.

자기 자유를 지키는 건 가끔은 힘이 듭니다. 하지만 할 수 있답니다. 여러분 나이에도 물론 가능해요. 살아가는 일상에서 아직은 여러분을 돌봐주는 어른들에게 의지해야 할 때라도 가능하답니다.

아주 간단한 예를 들어 보지요.

마에바라는 소녀의 이야기입니다.

까만 피부에, 그와 대조를 이루는 맑은 눈을 가진 소녀예요. 그 깊숙한 눈빛이 아직 앳된 얼굴과는 어딘지 모르게 어울리지 않아 계속 바라보게 되죠.

마에바는 중학교 1학년생으로, 아비뇽 중심가에서 조금 떨어진 곳에서 처음 만났습니다. 저는 저를 맞이해준 그곳 도서관 사서와 함께 많이 웃고 난 참이었지요. 저의 저서들이 펼쳐져 있는 탁자 위에 제가 쓰지도 않은 소설이 끼어 있는 걸 발견했거든요. 『엄마는 날 피곤하게 해』라는 위베르 벤 케문(Hubert Ben Kemoun)의 소설이었죠.

제가 먼저 말을 했지요.

"이 책은 제 작품이 아닌데요, 그래도 제 책들이랑 함께 놔뒀으면 좋겠어요."

위베르 벤 케문은 재능이 넘치고 유머가 많다고 제가 인정하는 작가거든요.

"아, 제가 『엄마를 떠나라!』랑 헷갈렸네요."

사서가 대답하더군요.

저는 그래서 곧 이어질 '독자와의 만남'에서 어머니는 물론이고 부모에 대해서도 많은 이야기를 하게 될 거라고 짐작했어요.

독자들과 저는 많은 이야기를 나누었습니다. 질문을 받으면 평소 제 생각을 아주 솔직하게 답하려고 했습니다. 저 역시 질문하고 싶은 마음이 들면 질문을 했고요.

제가 쓴 책에 대해 이야기하는 자리에서 청소년들을 만나게 되는 것은 좋은 기회입니다. 이런저런 제약으로 쉽게 할 수 없었던 말들을 자유롭게 주고받을 수 있는 기회죠. 저나 독자 모두에게 강렬한 경험입니다.

"좋아요. 여러분 질문을 받아 봤어요. 자리를 마치기 전에 저도 여러분에게 질문을 하고 싶어요. 여러분이 나중에 이루고 싶은 꿈은 뭔가요?"

그리고 덧붙였죠.

"학교 공부와 관련된 것은 전부 빼고요. 여기 소원을 들어

주는 요술지팡이가 있다 생각하고 말해 보세요. 네, 나중에 하고 싶은 게 뭐죠? 자신만의 소원, 그게 뭔가요?"

이게 '쉬운' 질문이 아니라는 걸 알고 있습니다. 진짜 대답이 나올 수 있도록 충분한 시간을 줍니다.

답을 종이에 쓰도록 할 때도 있습니다. 나중에 제가 그걸 읽죠. 종이에 소원을 쓴 학생들 각자에게 보내는 대단히 멋진 연하장이라는 듯이. 얼굴들이 밝아지고, 놀라기도 하죠.

한숨과 감탄도 나옵니다.

그건 언제나 강렬한 순간이랍니다. 깊은 곳에 간직해 두었던, 자신을 버텨가게 해주는 소망에 대한 얘기를 용기 내서 꺼내는 순간! 얼핏 보기에는, 그러니까 학업 성적 같은 건 고려하지도 않는, 완전히 황당무계한 것으로 보일지라도 말이죠.

그때 아비뇽에서는 마에바가 재빨리 제 질문에 응해주었지요. 대답을 하려고 바로 손을 들더군요.

이윽고 낮고 또렷한 목소리의 답이 이어졌습니다.

"저는 의사가 되고 싶어요. 그런데 엄마는 제가 석유화학을 공부하기 바라서요."

석유화학?

어린 소녀의 입에서 석유화학이란 단어가 나오다니? 어떤 친구들은 처음 듣는 단어였을 거예요. 우리 모두 의아했지요. 너무 동떨어진 이야기 같았거든요. 의사가 되고 싶다는 소망과는 거리가 멀었어요. 저는 그 아이의 얘기가 조금 더 듣고 싶어졌습니다.

"마에바, 넌 의사라는 직업이 어떤 점에서 끌리는 거지?"

저는 이 아이가 치료하고 고통을 덜어주는 점에 대해 얘기할 거라고 생각했어요. 아이는 이번에도 아까처럼 명확하게 대답했습니다.

"인간의 몸이요."

그리고 혼자 곰곰이 생각하는 것처럼 아무 말이 없더니 또렷하게 다시 대답했지요.

"몸이요!"

그렇습니다. 단단한 열정을 가진 조그마한 사람이 제 앞에 있었습니다. 몸에 딱 맞는 듯한 적성의 느낌. 착각이 아니에요. 마에바의 말에는 힘이 들어가 있었어요.

마에바가 자기 소원을 결국 이루게 될지는 모르겠습니다. 하지만 얘기해주고 싶었죠.

"그게 네가 하고 싶은 일이라면, 정말 하고 싶은 일이라면 의사가 되기 위해 거쳐야 할 모든 시험에 통과하지 못할 이유 도 없지. 물론 힘든 길이란다. 하지만 네 마음속 간절한 바람 이라면, 너는 잘 헤쳐 나갈 거야."

저는 아이에게 석유화학 얘기는 하지 않았습니다. 일부러 그랬죠. 석유화학은 아이가 원하는 게 아니니까요. 아이를 위 해 어머니가 바라는 거죠. 하지만 그 바람은 아이의 것이 아 닙니다. 그 어머니가 어째서 딸이 석유화학 분야의 경력을 쌓 기 바라는지 그 이유를 우리가 이러쿵저러쿵 판단할 필요는 없을 겁니다. 당연히 좋은 이유들일 테죠. 하지만 어쨌든 중 요한 건, 그건 마에바가 원하는 게 아니란 점이에요. 세상의 모든 좋은 이유를 다 합쳐도 한 사람의 소원만큼 가치 있지 는 않다는 이야기입니다.

여러분이 어리다고 여러분 소원의 가치가 낮은 건 절대 아 니랍니다. 오히려 그 반대죠.

프로축구선수, 배우, 스타일리스트가 되고 싶은 친구들, 노

래하고, 비행기를 조종하고, 영화
속에서 연기를 하고, 동물들
을 돌보고, 춤을 추고, 가
르치고, 요리하고 싶은 친
구들이 여러분 주위에 있
을 거예요. 어떤 친구들은
꿈을 끝까지 지키겠지요. 중간
에 꿈을 바꾸는 친구들도 생길 거고
요. 하지만 무슨 일이 생기든, 그 누구에게도 그 친구들의 꿈
을 깨뜨릴 권리는 없답니다. 그 누구라도!

　인간이 꿈을 통해 현실을 일구어 나간다는 건 확실하죠.
한데 그 꿈은 부정하면서 현실이 슬퍼진다고 불평하는 세상
에서 우리는 살고 있어요.

　현실에 색깔을 입혀주는 것은 꿈이랍니다. 저는 그렇게 확
신해요.

　지금 이 책을 읽고 있는 여러분은 자기 앞에 있는, 자기가

가진, 오로지 자기에게 속한 인생의 시간으로 정말 하고 싶은 게 뭔가요? 이 기회에 여러분에게도 묻고 싶군요. 우리가 만날 일이 전혀 없다고 해도 말이죠. 저는 여러분이 이제까지 다른 사람에게서 들은 이야기는 모두 다 지워버리고 스스로에게 이렇게 묻길 바랍니다.

앞으로의 인생에서 무엇을 하고 싶은가요? 여러분에게는 원하는 것을 선택할 자유가 있어요.

자기가 하고 싶은 걸 안다는 것, 그걸 자신에게 납득시킨다는 것, 또는 친구에게 털어 놓는다는 것(털어 놓는다는 말 속에는 그 사람을 믿는다는 의미가 있지요), 이것만으로도 벌써 여러분은 자기 소원이 언젠가 이루어지도록 준비를 하고 있는 거예요.

그리고 나면 자기 선택에 따르는 어려움들을 극복하려는 노력도 기울일 수 있게 되죠.

우리는 기쁘게 일할 수 있어요. 일하는 것이 행복하다는 감정, 이런 게 존재하지요. 그런데 그런 감정은 우리가 자유로움을 느끼기만 해도 얻을 수 있습니다. 그렇게 되면 우리가 뭔가를 '억지로' 하지 않아도 되죠. 우리를 죄수인 양 붙잡아 두는 시간이 어서 지나가기만을 바라며 몇 분 지나지도 않아서 시계를 자꾸 확인하고 한숨 쉴 일도 없어요. 자기 자리를 굳건히 하게 되는 거지요. 더 멀리 가려 하고, 어딘가에 도달하고 싶게 되고요. 이제는 시계를 쳐다보지 않습니다. 이건 크나큰 자유입니다. 내면으로부터 우러나는 기쁨입니다.

아쉽게도 우리가 이젠 많이 쓰지 않는 단어들이 있습니다. 예를 들면 '열정'이란 말이 그렇죠. 대처할 아무것도 준비되어 있지 않을 때라도 장애물을 뛰어넘을 수 있도록 해주는 게 바로 이 자극이랍니다. 아무것도 준비되어 있지 않다고 했나요? 그렇지는 않습니다. 우리 자신의 희망이야말로 강력한 원동력이죠. 그 희망이 우리가 하는 일에 의미를 더해줍니다. 그 의미가 나서서 우리를 받쳐줍니다. 공기가 새들을 받쳐주듯이. 그럴 때 우리는 기쁨 속에 있습니다. 아침의 종달새처럼. 이 느낌은 만져볼 수도 없는 것이지만, 기쁨 속에 있을 때 우리는 주변의 많은 사람들에게 불가능하게만 보이던 일을

해내게 됩니다.

　제가 인간의 삶에서 믿는 건 바로 이것입니다. 이것이 인간에게 힘을 준다는 걸 믿습니다. 이것이야말로 우리 각자를 아주 특별한 존재로 만들어 준다고 말이지요. 바로 '산다는 기쁨'이죠.

　그런데 사람들은 온갖 그럴싸한 구실로, 여러분에게는 다른 해야 할 일들이 있다며 그 꿈을 부서뜨리곤 하는데, 그러지 말아야 합니다.

여러분이 가진 단 하나의 할 일은 바로 '여러분 자신'입니다. 그 누구도 여러분을 이 할 일로부터 떼어 놓도록 그냥 내버려두지 마세요. 나중에 여러분이 할 일에 기쁨이 뿌리 내리고 꽃이 피도록 할 수 있는 단 하나 방법은 여러분의 꿈을 지키는 거죠. 남들은 미쳤다고 말할지 모르는 꿈이더라도요. 저는 그렇게 확신합니다.

"여러분의 꿈을 지키세요. 그러면 그 꿈이 여러분을 지켜줄 거예요." 인간의 자유가 바로 거기 있습니다. 그 자유가 우리를 굳건히 서게 합니다. 제가 청소년들과 만나고 헤어질 때면 작별 인사를 대신해서 그렇게 자주 이야기하지요. 이 책에서도 여러분에게 그렇게 말해주고 싶습니다.

출입금지
사유지

불화의
작은 교훈

사랑하는 사람들에게 싫다는 말을 하기란 정말 어렵지요. 우리는 그들을 기쁘게 해주고 또 그들과 이견 없이 지내기를 정말 바라니까요.

갈등과 불화의 길을 걷는 건 참 힘들지요. 하지만 자유롭게 살기 위해서는 때로 그 길도 쓸모가 있답니다.

지금 이 순간에도 앞날의 진로 선택 문제로 부모님의 압력을 받고 있는 학생들을 떠올려 봅니다. 제가 책상머리에나 앉아 "꿈을 지키세요"라고 하면 참 쉽게 하는 소리로 들릴 수도 있을 것 같네요. 그럼, 어떻게 해야 할까요? 네, 좋습니다. 저는 여러분께 일상 생활에서부터 연습할 것을 제안합니다. 사소한 것에서부터 자신의 반대 의사를 분명히 알리다 보면 나중에는 큰 일에서도 그렇게 할 수 있게 되죠.

며칠 전 제가 본 일을 여러분에게도 얘기해 볼게요.

세일 기간에 의류 코너에서 한 어머니와 딸을 봤습니다. 왔다 갔다 하면서 옷을 고르고 있었지요. 딸 플로랑스는 고집스럽게 어떤 바지 쪽으로 계속 되돌아가더군요. 그 바지가 맘에 드는 눈치였습니다.

"정말 이거 사려고?"

"응, 이게 내가 봐 두었던 거야. 엄마, 이거로 사줘. 지금은 비싸지도 않아."

"그래. 이거, 좋아. 가격은 걱정할 필요 없고. 가격을 우선해 고르지 않기로 했었잖아. 그런데 너, 정말 이게 좋은 게 확실해? 엄마가 볼 때는 옆이 좀 이상한데."

"엄마, 난 그대로 좋은데."

"이게 더 낫지 않니? 그렇지 않니? 이게 너한테 더 잘 어울릴 거야. 그리고 네 나이에는 이쪽 더 밝은 색이 어울려."

바로 이런 거지요. 절규도 참사도 없는 조용한 전투가 벌어지고, 누군가 남의 자리를 대신하려 하죠. 세상에 다시없는 좋은 의도로 말이죠. 플로랑스의 엄마는 딸아이가 잘 되기를 원합니다. 그래서 자기가 보기에 더 나은 쪽으로 딸을 이끌려는 거고요.

그런데 엄마는 플로랑스가 아니죠.

엄마가 플로랑스가 되는 일은 절대 없을 거예요.

바지 한 벌 고르는 문제에서든, 아니면 다른 어떤 문제에서든 엄마가 플로랑스가 되는 일은 영영 일어나지 않을 겁니다.

그렇다면 자기 내면 속 자유의 자리를 지키는 것은 플로랑스의 몫이죠. 자기가 바라는 소망이 앉을 자리니까요. 방어하지 않으면 플로랑스는 자기 자신으로부터 멀어지게 돼요. 무슨 일인지 깨닫지도 못한 채로 말이죠. 바지 한 벌 문제라면 그리 심각할 게 없겠지만, 여기서 한 번 두 번 경계심을 늦추다 보면 이게 습관으로 굳어질 수 있거든요. 자기 아닌 다른 사람이 자기가 하고 싶은 것을 정하고 바꾸도록 내버려두게 된다는 거죠. 그러다 자기가 원하는 게 뭔지도 모르게, 더이상 자신에 대해 잘 알지도 못하게 되어버리는 거죠. 스스로를 자신의 시야에서 놓치게 되는 겁니다. 그리하여 정말로 원하는 게 뭔지 이젠 자신도 잘 몰라요. 애초에 정말로 하고자

했던 게 이젠 또렷하지도 않고, 바야흐로 앞뒤를 분간할 수 없는 안개 속으로 빠져듭니다.

누군가가 내 자리를 차지하려고 들면 물러설 채비나 하게 됩니다.

우리가 큰 전투에서 이기는 것은 작은 전투를 거치면서입니다. 반대한다는 자기 입장을 분명히 하는 가운데, 우리는 우리가 누군지를 말하는 겁니다. 그리고 우리는 얼굴을 붉히고 언성을 높이는 일 없이도 훌륭하게 대결할 수 있습니다.

이 글을 쓰다 보니, 제가 남의 자리에 앉으려고 했던 날이 기억나네요. 그때는 제가 플로랑스의 어머니 같았죠. 겨울이었습니다. 아들을 두툼하게 껴입혔죠. 감기라도 들면 어쩌나 항상 걱정이었거든요. 아마도 '너무 두툼하게 입혔다'고 말하는 게 더 정확한 표현일 겁니다. 아들이 스웨터를 한 겹 벗더군요.

"너 춥지 않겠니?"

"내 몸이에요!"

아들이 톡 쏘아 붙이더군요.

그 애가 제 한 마디를 반박하려고 다섯 살배기가 낼 수 있는 온 힘을 다해 단호하게 말하고는 저를 빤히 쳐다보던 일이 아직도 생생히 기억납니다. '내 몸'이라는 말을 강조하던 것도.

아들이 옳았죠. 전 그 말을 잘 새겨들었습니다. 아들의 몸과 제 몸은 엄연히 다른 거죠. 제가 아들 대신 춥니 따뜻하니 할 일이 아닌 거지요.

이 짧은 장면은 제 기억 속에 뚜렷이 각인됐습니다. 교훈을 얻었지요. 모든 어머니들처럼 저 역시 언제든 '귀찮게 간섭하는' 존재가 될 수 있었던 겁니다. 자기 자리가 아닌데, 대신 차지하려 드는 거죠. 아들은 저와 부딪칠 각오를 하고 용기를 낸 것입니다. 잘한 일이죠. 아들은 지금도 여전히 필요하다고 생각할 때면 그렇게 행동한답니다.

가끔은 뭐가 우리 잘되라고 하는 일인지를 구별해내기가 어렵지요. 정말 가까운 사람이 세상에 다시없는 애정으로 우리를 우리 자리에서 멀리 데려가려고 할 때 말이죠.

누군가 우리를 위한다며, 우리가 잘되길 바란다며 뭔가를 요구하는 일이 너무 자주 벌어집니다. 스웨터 한 겹 더 입은 것 때문만이 아니라 너무 나서서 참견하는 존재 때문에 제 아들은 우스꽝스러운 모양새가 되었죠. 이 넘치는 존재 때문에 아들은 갑갑했던 겁니다. 마음속으로 부자연스러움을 느꼈죠. 그 존재는 바로 저였고요. 제가 함부로 끼어든 셈이죠.

우리 입장에 서서 생각해준다는 사람과 맞서 싸우기는 어렵습니다. 그를 쫓아낼 마음을 먹기도 힘들고요. 우리가 그 사람을 사랑하기 때문이죠. 또 그 사람도 우리를 사랑하고요. 하지만 그를 쫓아내는 것이 가끔은 필요합니다. 둘 다를 위해서.

"자기 할 일부터 잘하자"라는 우리가 자주 쓰는 표현에도 그런 뜻이 담겨 있죠.

저를 어머니라는 자리로 돌려보내줌으로써, 아들은 제게 좋은 일을 해준 겁니다. 제가 그 아들 자리에 앉으면서 생긴 불안을 걷어내준 것이죠. 두 자리를 차지하고 앉아 있을 때 우리 마음은 편하지 않는 법입니다. 아들이 제가 없어도 스스로를 잘 챙긴다는 걸 저는 깨달았고, 그래서 정신적인 짐을 내려놓을 수 있었습니다.

나중에 여러분이 자기 자리를 지켜야 하는 차례가 되면, 아마 이 짧은 이야기가 다시 생각날 겁니다.

기쁘게
살 수 있는 길을
스스로 막고
있다고요?

그렇지만 가장 어려운 건 자기 자신에 맞서 싸우는 일입니다. 맞아요. 때로는 우리 스스로가 지금 여기 있는 살아 숨쉬는 기쁨으로부터 우리를 멀어지게 하지요. 인간이란 참 복잡한 존재예요.

어느 날엔가 이런 장면을 목격했습니다. 이혼한 부모님과는 따로 살고 있는 열두 살 폴린이 방학을 아버지 집에 와서 보냈습니다. 다시 돌아가기 전날, 폴린은 자신이 불행하다는 생각에 젖어 있었지요. 그러다 문득 아버지와 같이 하고 싶었지만 하지 못한 일들 목록을 적기 시작했죠. 그 목록이 폴린의 불행을 말해주는 듯했습니다.

아버지도 슬퍼졌습니다.

기쁨은 너무나 멀리 있는 듯했지요.

우연히 그들과 휴가 별장을 같이 쓰고 있던 저는 폴린에게 질문을 해보기로 했습니다. 휴가 별장에 머무는 동안, 계획에는 없었는데 겪게 된 기쁜 일이 있었는지 물었습니다. 아이는 잠깐 곰곰이 생각하더니 있다고 답하더군요. 그러고는 하나씩 이야기했죠. 정원에서 발견한 새끼고양이들, 그 고양이들과 같이 놀았던 일, 아버지와 함께 친 배드민턴…… 그런 것들을 기억해내면서 아이는 미소 지었습니다. 기쁨은 사라진 게 아니었죠. 바로 그 순간에 있었지요. 기억 속에 그렇게 살아 있었습니다.

우리 중 이런 일화를 겪어보지 못한 사람이 누가 있을까요? 우리가 어떤 특별한 한 가지를 바랄 때 인생은 우리에게 그걸 바로 내놓지 않지요. 대신 지금 여기에 있는 다른 많은 것들을 줍니다. 그렇지만 우리 눈에 그것들은 보이지 않죠. 채워지지 않은 갈망에 눈이 가려진 탓입니다. 이렇게 되면 갈망이 실현되지 않아 기쁨을 망치는 데 그치지 않고, 실제로 생겨나는 기쁨마저 지워버리게 되죠. 이게 더 나쁜 일이에요. 이렇게 스스로 기쁨을 박탈하다니 얼마나 안타까운가요. 살

면서 점점 기쁜 일이 드물어질 때 우리에게 가장 많은 위안이 되는 게 좋았던 기억인데 말이죠.

게다가 우리의 갈망이 언제나 우리가 바라는 때에 딱 이루어지는 것도 아니고요. 시간이 우리를 데리고 노는 거죠. 이런 걸 "아직 때가 아니다"라고 하죠. 저도 경험해본 적 있답니다.

어떤 기념일에 저는 소중한 사람으로부터 제가 마음에 둔 선물을 받으리라 기대했었어요. 물론 말로 하지는 않았고요. 제가 원하는 건 알아맞히기 정말 쉬웠고, 그걸 주는 게 당연해 보였거든요. 드디어 고대하던 날이 왔는데, 그 선물은 없었습니다. 그 자리에는 그 사람이 제게 선물한 어떤 장식용품이 있었지요. 저는 거기에 눈길도 거의 안 주었습니다.

실망했던 겁니다. 너무도 실망했지요.

직접 이야기하지는 않았지만, 제 실망감은 표시가 안 날 수 없었겠죠. 저도 어쩔 수가 없더라고요.

시간이 흘렀습니다.

몇 날이 지나고 몇 주가 지나갔죠.

이젠 더 기대하지도 않고 까맣게 잊고 지내던 어느 날, 제가 그토록 바라던 만년필을 받게 되었습니다. 엄청 기뻤죠. 오늘까지도 그 기쁨은 만년필을 손에 쥘 때마다 다시 찾아와 제게 행복과 활력을 준답니다.

흔히 옛날이야기에 나오는 것처럼, 가끔은 삶을 즐길 능력을 시험받기 위해 거쳐야 하는 시련들이 있습니다.

거기서 결국 문제는 항상 시간이죠.

제 소망이 딱 원하던 순간에 이루어지지는 않았습니다. 더 나중에 가서야 이루어졌지요. 만년필을 갖고 싶었던 때로부터 만년필을 받기까지의 기간은 말하자면 아직 때가 아닌 시간이었던 거죠. 그 시간이 길어지면서 저는 제 소망을 한켠에 치워두었습니다. 그렇다고 잊어버린 건 아니었죠. 단지 다른 곳에 보관해두었던 겁니다.

그러다 만년필을 보는 순간, 글쎄 기쁨이 바로 거기 있더라고요. 기쁨을 만끽했지요. 지금도 그 기쁨을 누린답니다. 그리고 그 기쁨을 기꺼이 제 기억 속에 간직해뒀고요.

그런데 만일 처음에 원하던 선물을 못 받은 실망이 아예 제 소망을 꺾어버릴 만큼 컸더라면 어떻게 됐을까요? 제게 찾아온 행복을 느끼지 못했을 테지요. 나중에 소망이 이뤄져도 '아무 감흥도 없는' 상태가 됐을 겁니다. 이번에는 제게 조금 늦게 선물을 가져온 그 사람이 큰 실망을 겪었을 테지요. 실망의 사슬이 길어졌겠죠.

저는 이 짧은 경험에서 결론을 내렸습니다. 우리 각자가 자기 소망을 생생히 간직하기만 한다면, 나중에라도 그 소망이 이루어져 행복해질 기회는 주어지는 거라고. 비록 그 소망이 바라는 순간에 이뤄지지는 않는다 해도 말이죠.

우리는 곧바로 이뤄지지 않았다고 자신의 소망을 버리곤 합니다. 그러고는 영영 포기해버리죠.

실망했던 기억 때문에 새로운 소망을 꿈꿀 자유는 위축되고 맙니다. '다시 상처 받게 될까' 겁이 나는 거죠. 그래서 실망할 일을 만들지 않으려고 아예 자기 소망 자체를 없애버리기도 합니다. 그래 본 적 없나요?

자기 소망이 언젠가 이뤄지
도록 간직해두는 건, 기쁨이 다
가올 여지를 남겨두는 일이죠.
대부분의 경우 이건 그럴 만한
가치가 있는 일이랍니다.

이건 또 믿음을 뜻하기도 합
니다. 원하는 것을 실현하는 데
관계 있는 사람, 그 사람들을
믿는 거죠. 언젠가 그 사람들이
이해해줄 거라는 데 대한 믿음
입니다. 시간이 해결해줄 거라
는 믿음이기도 하고요. 아마도
이 믿음을 갖는 것이 가장 어렵
겠죠.

'기쁨'을 이야기하는 예술작품

많은 예술가들에게 '기쁨'은 강한 창작의 원천이었다. 제2차 세계대전의 끔찍한 참상을 겪은 후, 파블로 피카소는 프랑스 남부 지중해 해안가의 앙티브라는 작은 어촌 마을에 젊은 연인과 함께 머물며 살아 있는 존재로서의 기쁨과 즐거움을 다시 되찾게 된다. 그리하여 그곳의 평화로운 풍경을 배경으로 〈삶의 기쁨〉이라는 제목의 연작이 탄생했다.

베토벤의 걸작 9번 교향곡 제4악장 합창곡의 제목은 〈기쁨의 노래(Song of Joy)〉다. 베토벤이 청각을 완전히 잃고, 금전 문제와 가족 문제 등으로 지독한 시련을 겪고 있을 때 구상하기 시작한 이 곡은 신에 대한 믿음과 인류의 평화, 만물의 조화에서 비롯되는 기쁨을 표현하고 있다. 이 합창의 가사는 이렇게 시작한다. "오, 벗들이여! 이 선율이 아니고 더욱 기쁨에 찬 노래를 부르지 않겠는가!"

러시아의 문호 푸슈킨의 시 「삶이 그대를 속일지라도」는 아무리 괴로운 삶에서도 기쁨은 오고야 만다는 진리를 감동적으로 그려 큰 위안을 준다. 그 시의 한 구절이다. "삶이 그대를 속일지라도 슬퍼하거나 노여워하지 말라. 슬픔의 날 참고 견디면 기쁨의 날 오리니."

어쨌거나
이제 저한테
남은 건
아무것도
없다고요.

디알로가 했던 말입니다. 디알로는 마르세이유에서 파리로 가는 떼제베(TGV) 열차의 차량 연결통로에 앉아 있었죠. 검표원과 말다툼을 하고 있었는데, 결국에는 검표원이 어깨를 으쓱하며 기권하더군요. 표가 없어서 그런 건지, 아니면 다른 일이 있었는지는 모르겠고요.

디알로의 발밑에는 맥주 캔들이 널브러져 있었죠. 두 눈은 피곤과 술에 절어 붉어져 있었고요. 담배를 많이 피워댔죠. 이젠 우리가 처음 어떻게 대화를 시작하게 되었는지 기억도 잘 안 나네요. 저는 식당칸에서 제자리로 돌아오던 참이었고요. 파리에 도착했을 때 좋은 컨디션을 유지하려고 커피를 한 잔 마셨거든요. 한데 어느샌가 디알로와 제가 나란히 같이 앉아 있더라고요.

"그래서 너는 하고 싶은 게 뭐니?"

"저요? (눈을 들어 천장을 보고 웃더니) 아무것도 하고 싶은 게 없어요. 아무것도요."

"하고 싶은 게 있을 텐데 왜?! 네 인생에서 뭔가 해보고 싶은 마음은 있을 걸? 네가 정말 좋아하는 일 말이야."

디알로가 또 한 번 웃더니 말합니다.

"저 돈 잘 벌어요."

뭘 해서 돈을 잘 번다는 건지 감이 왔습니다. '불법 거래'로 먹고 산다는 걸 숨기지 않더군요.

"따로 돈을 모으고 있어요. 은행에다가요."

"좋아. 그런데 뭘 하려고 돈을 모으지? 그 돈으로 하고 싶은 일이 뭐니?"

디알로는 꼭 저를 달에서 온 사람 보듯 쳐다봅니다.

"모르겠어요. 돈은 따로 잘 모으고 있다고요."

제 질문을 희한하게 여긴다는 걸 알았지만 상관없었습니다. 또 물었죠.

"좋아. 너는 돈을 많이 벌어. 따로 모아 두고 있고. 그런데 뭘 하려고 돈을 버는 거냐고? 하고 싶은 게 뭐냐고?"

이번에는 디알로가 저를 물끄러미 바라봅니다. 그러더니 오랫동안 바닥을 내려다보더군요. 저는 이럴 때 아무 말도 하지 않습니다. 말이든 침묵이든 그냥 내버려 둡니다. 꽤 시간이 흐른 뒤 대답이 나오지요.

"모르겠어요."

저는 아주 부드럽게 묻습니다.

"디알로, 지금 몇 살이니?"

씩 웃더군요.

“스무 살이요. 그런데 제 생각에는 아직도 어린 것 같아요.”

저도 그를 보며 미소 짓습니다.

스무 살······.

“좋아. 그래도 어쨌든 네가 뭘 하고 싶은지는 한번 생각해볼 만한 일이야. 네 앞에는 이렇게 많은 시간이 펼쳐져 있어.”

“모르겠어요. 저는 모르겠다고요!”

저는 질문을 계속합니다. 왠지는 모르겠지만 질문을 계속해야만 한다는 생각이 들었죠. 직감이랄까요. 이 친구에게 뭔가 얘기를 해주기에는 오늘이 좋을 것 같았지요. 이렇게 여행길에서 만나게 된 것도 인연이니까요.

“어쩌면 지금이 바로 네가 하고 싶은 게 뭔지 생각해보기 좋은 때일지 몰라. 어쨌든 너를 위한 결정은 네가 하는 거니까. 열심히 생각해볼 가치가 있어.”

“아무것도 없어요. 아무것도 없다고요. 저한테 남은 건 아무것도 없다고요.”

그가 몇 번 더 이 말을 반복했습니다. 저는 생각했지요. 무슨 연유인지는 몰라도 그가 스스로에게 어떤 운명을 지우고 있다고요. 자기 혼자 비극 속으로 들어간 거죠. 비극에 맞는 의상도 대사도 없지만 아무튼 운명이란 거죠. 비극이고요. 스무 살에 말이죠.

저는 그를 찬찬히 뜯어봅니다. 아직은 건장하기는 하지만 저 몸이 술과 약물에 무너지기 전까지 얼마나 더 버틸 수 있을까요? 그리고 나머지 것들이라고는 자포자기, 더러운 머리카락, 얼룩진 운동복 바지, 얼굴에 역력히 드러나는 체념의 흔적, 말로 할 수 없는 것까지…… 가슴이 조여 왔습니다. 아직 고작 스물인데.

디알로가 얼른 저를 한번 쳐다보더니 갑자기 얘기를 시작합니다. 말투가 바뀌었죠.

"제가 원하는 게 뭔지 저도 모르겠어요. 정신 차리게 되면 오늘 하신 질문을 찬찬히 생각해 볼게요."

디알로의 대답에 제 마음이 열립니다. 갑작스럽지만 자기가 어떤 상태인지를 얼핏 보여준 셈이거든요. 그가 마음속에 간직하고 있는 것이 무엇인지 이제 조금만 더 가면 알 수 있을 것 같습니다.

"디알로, 그렇게 말할 수 있다는 건, 벌써 정신 차리고 있
다는 얘기 아니니?"

그가 미소 짓습니다. 두 손가락으로 들고 있는 맥주 캔을
좌우로 살짝 흔들면서 낮은 목소리로 말합니다.

"저는요, 변호사가 되고 싶었어요. 그런데 틀렸어요. 전 범
죄 전과가 있거든요. 이젠 틀린 거죠."

맥주 캔이 여전히 좌우로 흔들립니다. 저는 전과에 대해서
는 아무것도 묻지 않습니다. 망가진 채, 오도 가도 못하는 기
쁨이 거기 있습니다. 디알로가 자기에게 전과가 있다고 말하
는데, 그 전과가 어떻게 해서 생긴 건지, 왜 그렇게 된 건지는
제게 별로 중요하지 않습니다. 다만, 참담한 상황인 건 보입니
다. 디알로의 말마따나.

그는 스무 살입니다. 앞으로도 살아갈 날이 창창하죠. 어
떤 앞날일까요? 비참한 인생이 이미 만들어 놓은 운명의 늪
속으로 이 젊은이가 빨려들어가는 모습은 정말이지 보고 싶
지 않습니다. 그러나 제가 할 수 있는 것이라곤 말밖에 없습
니다. 이렇게 중요한 순간에 가진 것이 말밖에 없습니다. 저는

디알로도 자신의 말을 되찾아야만 한다고 확신합니다. 그렇게 해서 "이제 저한테 남은 건 아무것도 없다고요"라고 말할 수밖에 없는 어려운 상황에서 벗어나야 한다고 말이죠.

"디알로, 변호사라는 직업이 왜 맘에 들었니?"

이제 말이 자연스럽게 나옵니다. 자기가 이미 알고 있는 것이니까요.

"사람들을 지켜주는 게 좋았어요. 다른 사람들이 불공평한 일을 당할 때 지켜주는 일이요. 아버지 집에서 어느 날 형법책을 봤어요. 경찰들이 하는 일이 다 법으로 정해진 권한에서 하는 건지 알아보려고 곧잘 읽었고요…… 그러다가 변호사가 되고 싶다는 생각을 했어요. 사람들을 지켜주기 위해서요."

"그래, 그렇구나. 그렇다면 적어도 이제는 네가 원하는 게 뭔지 아는 거야. 다른 사람들을 지켜준다는 건 좋은 일이지. 훌륭한 소명이라고 생각해. 그런데 디알로, 사람들을 도울 수 있는 직업은 변호사 말고도 아주 많아. 언어로 하기는 마찬가지인 일들 말이야. 말과 글로 하는 일들 말이지. 그런 단체들

도 있고, 언론도 있어. 네 '전과'를 문제 삼지 않는 곳들을 찾
아보면 없지 않아. 네가 원하는 게 다른 사람들을 지켜주는
거라면 넌 그런 일을 할 수 있는 곳을 찾아낼 수 있어. 분명
히."

"그래요?"

그는 제 말을 절반만 믿는 눈치입니다. 하지만 저는 간절한 소망이 있을 때 인간은 태산도 옮길 수 있는 힘을 갖는다고 진정 믿습니다.

저는 '기쁨'을 믿습니다. 기쁨은 자기의 소망을 위해 싸울 수 있는 힘을 주죠.

우리가 뭔가를 진정으로 원할 때, 원하는 것이 무엇인지 손가락으로 가리킬 수 있을 때, 우리 안에서 생겨나는 자유의 무한한 힘을 저는 믿습니다.

그리고 이 무한한 힘이 우리에게 날개를 달아줍니다.

"그래. 꼭이 변호사가 아니더라도, 사람들을 지켜주는 일은 많아. 네가 진정으로 원하는 게 그 일이라면, 분명 찾아낼 수 있을 거야, 디알로. 그런데 시작을 해야 하지. 당장 시작해야 해. 더 기다릴 이유가 있니? 돈을 은행에 많이 쌓아 두어야 그 일을 시작할 수 있는 건 아닐 거야."

디알로가 나중에 어떻게 될지, 실제로 사람들을 지켜주는 일을 하게 될지는 모르겠습니다. 하지만 한 가지 확실한 건 우리가 대화를 나누는 가운데 디알로에게 무슨 일인가 일어났다는 거죠.

저는 무기력하고 어딘가 공격적인 한 젊은이를 봤습니다. 또한 그가 깨어나고, 자신에게 다시금 기쁨을 주는 일에 대해 말하는 모습도 봤습니다. 그의 진짜 미소도 봤고요. 그 모습이 좋았습니다.

우리는 종종 우연히 만난 사람들, 어쩌면 다시는 만나지 못 할 그런 사람들과도 뭔가 잊을 수 없는 일, 마음속이 후련해지는 일을 함께 나누기도 합니다. 어쩌면 디알로에게는 모르는 사람과, 다시는 만날 일이 없어 보이는 사람과 이야기하는 것이 더 쉬웠을지 모릅니다. 우리는 그 열차 안에서 솔직한 대화를 나눌 기회를 잡았던 거고요.

이 대화를 하기 위해서는 두려움을 넘어서야만 했습니다. 디알로에게는 '정상'이 아니라는 두려움, '다른 사람들과 다르다'는 두려움이었겠죠. 누군가에게 자신의 정신적 혼란을 털어 놓는 일은, 때로 두려움의 자리를 새로운 일을 위한 자리로 바꿀 기회가 되어줍니다.

말만 못할 뿐이라고요?

그렇게 말하기가 힘든 것일
까요?

학교 담장 아래서 열세 살 로익이 모여 있는 친구들에게 자기 개가 산책을 나가고 싶을 때 어떻게 행동하는지 얘기하고 있네요. 친구들은 귀기울여 듣습니다. 로익은 개가 문으로 가서 손잡이를 두드리고 되돌아와 낑낑거리며 주인을 찾는 모습을 흉내 냅니다. 다음으로 다른 친구가 자기 고양이가 쓰는 '언어'를 이야기합니다. 또 다른 친구는 햄스터 얘기를 하고요. 어떤 친구는 자기 토끼가 목이 마르다는 걸 알리기 위해 어떻게 행동하는지까지 얘기합니다. 각자의 얘기가 끝날 때마다 그 마무리로 우리는 이런 말을 하고 싶어집니다. '얘들은 그저 말만 못 할 뿐이지……'

그럼 뭔가를 말하고 싶을 때, 우리에게 모자란 건 뭘까요?

말이라면, 우린 그거 얼마든지 할 수 있잖아요. 원하는 걸 굳이 몸으로 표현할 필요도 없고요. 목소리를 내는 것만으로도 충분하죠. 우리에겐 이렇게나 훌륭한 도구가 있어서 우리 마음대로 웃을 수도, 노래할 수도, 말할 수도 있는 거죠.

근데…… 뭐가 우리 마음대로라는 걸까요?

우리가 원하는 것을 말하고, 느낌을 표현하는 거요? 물론 우리는 그렇게 할 수 있지요. 이런 일을 하기 위해서 우리의 목에는 성대가 있고요. 우리는 복잡하고도 훌륭한 신체기관들을 이용해서 분명한 발음을 만들어낼 수 있습니다.

우리가 말하는 걸 방해하는 것이라곤 아무것도 없어요.

한데, 정말 아무것도 없나요?

흠. 그렇지는 않지요. 방해하는 게 많이 있죠.

마음속에 있는 말을 그냥 삼켜버린 적, 어디 한두 번이던가요?

그 말들을 모두 어떻게 됐을까요?

하고 싶었던 말들이 모두 거품이 되어 공중에 떠다니다가
터져 사라지는 걸 상상해 보세요. 말하지 못한 것들 전부가
우리 마음을 무겁게 하네요.
　대체 무엇 때문에 우리는 입을 다물고, 마음의 문을 꼭꼭
닫는 걸까요?

그게
두려움
이라면요?

그게 두려움은 아닐까요?

우리가 느끼는 두려움은 우리가 가진 관심만큼이나 각양각색이죠. 두려움은 안개처럼 우리를 둘러쌉니다.

실망시킬 거라는 두려움.

잘못할 거라는 두려움.

할 말을 못 할 거라는 두려움.

이해받지 못 할 거라는 두려움.

사랑하는 사람을 배신하게 될 거라는 두려움.

더 이상 사랑받지 못 할 거라는 두려움.

더 추가하고 싶은 게 있나요? 혼자 갖고 있지 말고 추가해 봐요. 두려움에 대해 직접 말하고, 두려움에 대해 쓰는 것 자체가 이미 그것들과 싸우는 일입니다. 적이 눈에 보여야 잘 싸울 수 있는 법이죠. 뭐가 두려운 건지 감춰두는 한, 두려움이 뭔지 규명하는 걸 피하는 한 우리는 전력을 다해 싸울 수 없습니다. 때로는 두려움의 정체를 규명하려 들다가 오히려 그 두려움이 우리를 공격해오지 않을까 하는 불안 때문에 그 일을 피하기도 합니다. 이것도 또 다른 두려움으로 추가할 수 있겠군요.

　우리가 가진 두려움은 아무도 모르게 조용히 모든 영역을 차지해버릴 수 있답니다. 두려움이란 견고하고도 강력한 감정이거든요. 겁에 질려 있는 사람을 여러분도 본 적이 있을 겁니다. 그 사람의 몸과 머릿속에 무슨 자유가 얼마나 남아 있을까요? 전혀 남아 있지 않거나 남아 있더라도 겨우 조금뿐이겠죠. 두려움 말고 다른 감정이 자리할 틈이 없으니까요.
　기쁨이야 저 멀리 있고요.
　기쁨을 길들인다는 건 그러니까 기쁨에게 자리를 만들어주는 거예요. 터를 내주는 겁니다. 멋진 일이죠. 우리가 그 일을 해내기만 하면 기쁨은 돌아옵니다. 아주 금방이요.

저는 아이들이 전쟁터 한복판에서 놀고 있는 장면을 볼 때마다 충격을 받습니다. 전쟁의 폐허 속에서 찍힌 사진 한 장이 떠오르네요. 집들이 있었던 곳 잔해에서 사내아이들이 세 명 놀고 있습니다. 뭘 가지고 만든 건지 모르겠지만, 그 애들이 수레 비슷한 것을 만들어서는 도망가고 있더라고요. 웃고 뛰면서요. 이 아이들이 정신 나간 것도 아니에요. 이 아이들도 자기들이 전쟁의 폐허 속에 있다는 걸 알고 있어요.

그 전쟁의 한복판 말이죠. 이 아이들은 죽음을 알죠. 배고 픔을 알고요. 고통을 압니다. 그런데 뛰어 놀아요. 웃기도 하고요. 그래서 무슨 얘기를 하려는 거냐고요? 살다 보면 우리가 머릿속을 하얗게 싹 비우게 되는 극한상황이 있지요. 분명히 그런 상황이 있습니다. 어쨌거나 계속 살아가려면 그렇게 잊어야 할 때도 있는 법이죠.

인간에게는 참 기이하고도 강한 능력이 있어요. 정말 강한 힘이랍니다.

존재한다는 기쁨, 그저 살아가고 있다는 이 단순한 기쁨이 지칠 줄 모르는 힘이죠. 제게 그토록 강한 인상을 남긴 사진 속의 아이들이 되찾은 것도 이 기쁨인 걸까요?

기껏 사진까지 끌어 와서는 여러분에게 "우리는 이런 전쟁을 겪지 않는 것을 다행으로 여겨야죠"와 같은 말을 하고 싶지는 않습니다. 그게 아니죠. 젊은이들이 세계 도처에서 온갖 종류의 전쟁을 겪고 있다는 거 잘 알고 있거든요. 세상에 존재한다는 기쁨이 위협받는 걸 느껴본다고 중동이나 아프리카의 분쟁 지역을 끌어들일 필요는 없다는 거죠. 저한테는

텔레비전에서 보여주기 좋아하는 디알로 같은 아이들, 그리고 다른 많은 아이들을 다시 생각해보는 것만으로도 충분합니다. 어떤 때 보면, 텔레비전은 용기가 있다 해도 폭력 안에서나 해결책을 구할 수밖에 없는 아이들을 전시해 보여주는 것 같아요.

저는 이런 영상들로 가득 찬 텔레비전 뉴스가 나오는 사회의 일원이라는 게 자랑스럽지 않습니다. 지금 이 책을 읽고 있는 여러분 같은 젊은이들이 보다 더 공정한 세상에서 각자의 본분을 다하고 싶다는 꿈을 꿀 여지가 이 사회에 아직 남아 있을까요?

아직도 그리고 여전히 세상에 폭력이 존재한다는 걸 확인하고, 그 폭력을 겨냥해서 공격하는 것은 또 다른 끔찍한 두려움을 키우죠. 그건 낯선이에 대한 공포입니다. 알지도 못하는 사람인데, 그는 세상에 다시없을 나쁜 의도를 가진 소름 끼치는 사람으로 보이죠.

두려워한다는 건 세상 앞에서 무력해지는 겁니다. 여러분을 이 모든 폭력의 현장에서 멀리 떨어져 그저 바라보기만

하는 구경꾼, 아니면 더 심하게는, 이런 영상들이 반복되는데 그 앞에서 무감각한 방관자가 되도록 몰아가는 겁니다. 그런 상황에서 과연 여러분 마음속에 뭔가 행동하고 싶다는 동기가 만들어질 수 있을까요? 저는 그렇다고 믿지 않아요.

'청소년 폭력'이라는 이 말 많은 주제에 관해, 교육자 편에서 참여해 토론해 달라는 요청을 받았던 적이 있습니다. 저는 거기 늦게 도착했어요. 회의실 구석에 자리를 잡고 얘기를 들었지요. 누군가 이른바 '달동네'에 대해 말하고 있었습니다. 통계로 확인되고 목록으로 정리된 폭력의 정도를 나열하더군요. 이 연사가 과연 인간에 대해 말하고 있었나요? 아니요. 그 사람은 수치 자료와 폭력 수준에 따라 달라지는 경찰의 개입에 대해 말하고 있었죠. 속이 끓어오르더군요. 살아 숨쉬는 심장은 어디 있는 거죠? 살아 숨쉬는 사람들은 어디 있는 건가요? 형편없는 SF 영화 중간에 나오는 우울한 장면을 보는 느낌이었지요.

제가 말할 차례가 되었을 때, 저는 왜 회의에 늦었는지에 대해 이야기를 들려주었습니다.

지하철 차량이 역 구내로 들어설 때, 그걸 타려고 기다리던 사람들 모양은 그야말로 콩나물시루 속 같았죠. 저는 지하철 몇 대를 그냥 보내야 했답니다. 왜냐고요? 잘 먹고 좋은 곳에 살면서 잘 차려 입은 제 주위 사람들, 우리가 길에서든 어디에서 보든 절대 겁먹을 일 없는 그 사람들이 열차에 타려고 그야말로 밀고 부딪히고…… 무슨 짓이라도 다 할 기세였거든요.

근데 그 사람들, 그저 출근하는 길이었어요. 생존의 위협 같은 건 전혀 없었고요. 어떤 사람들은 심하게 말다툼도 하더군요. 그 사람들이 다른 곳에서 보여주던 예의 바른 태도와 정중함은 다 어디로 간 걸까요? 이렇게 사소한 혼란에도 폭력적인 태도가 바로 드러나다니 말입니다.

그래서 어떻다는 말이냐고요? 폭력은 특정한 사람들만의 전유물이 아니라는 겁니다. 네, 당연하죠. 폭력은 인간 세계 어디든 존재합니다. 폭력을 가려낸다는 건 폭력에 겁을 먹는 것도 아니고, 폭력이 활보하도록 내버려두는 것도 아니란 말입니다.

격한 감정

어떤 벽에 부딪히다 못 해 그 벽을 때려 부수고 싶어질 때가 있습니다. 그게 폭력이죠.

그 벽은 거의 항상 우리 내부에 있습니다. 그래서 우리가 잘 보기 어려운 것이고요. 가장 우리를 아프게 하는 것이죠. 외부의 벽이라 깨뜨리고 부수고 태워버릴 수도 있을 테지만, 그럼 어쩌면 고통도 가라앉겠지만…… 그런데요, 그러면 대신 기쁨이 생기기라도 하나요?

내 안에 벽이 있는 한 나는 계속해서 부딪힐 거고, 여전히 아프겠죠. 그 고통을 좀 줄이겠다고 내 바깥의 뭔가에다 화풀이하는 건 일시적인 해결책일 뿐.

그러면 끔찍한 되풀이가 계속되는 겁니다. 자기 내부를 들여다보기 위한 어떤 도움도 받지 못한다면 그 악순환에 걸려드는 거죠.

기쁨, 분노는 격한 감정입니다.

격한 감정으로는 다른 것들도 많고요.

어떤 감정을 받아들이는 건 위험을 감수하는 일이기도 합니다. 마음속에서 심한 혼란을 겪게 될 수도 있다는 위험, 우리 내부가 순간적으로 뒤죽박죽이 될 수도 있는 위험을 감수하는 겁니다.

그게 우리 인간의 삶입니다.

감정이 없다면 로봇 세상에서 살아가는 것일 테죠. 그런 세상이 첫눈에는 안정적인 것처럼 보여도 정말 그런 세상에서 살고 싶은 사람은 아무도 없을 겁니다.

우리는 이제 기쁨에게 자리를 만들어 주는 일이 그렇게 쉽지 않다는 걸 알게 됐어요. 그런데 기쁨은 긍정적인 감정이죠. 그럼 부정적이지만 어쨌거나 우리가 겪게 되는 증오·분노·혐오 같은 감정에 대해서는 뭐라고 말할 수 있을까요? 이 감정들이 갑자기 속에서 치솟는 날에는 어떻게 해야 할까요? 이 세상에 존재한다는 기쁨과는 너무도 거리가 먼 그 감정들이 말이죠.

　여기에 대해서 말하지 않고는, 여러분에게 보내는 이 글을 마무리 지을 수 없을 것 같군요.

　여러분에게 반드시 얘기해야만 할 것 같은 그 한 가지는 뭔가를 느끼면서도 못 느끼는 양 하지 말라는 거예요. 이게 바로 특히 하지 말아야 할 행동이랍니다.

감정은 뭐가 됐든 진지하게 받아들여야 해요. 분노를 느끼려 하지 않는 사람은 어쩌면 기쁨도 다시는 맛보지 못하게 될 위험이 있어요.

즐거운 쪽으로 간다는 건 힘들게 하는 걸 지워버리려는 거다? 아니죠. 그 감정들을 다 인정하는 겁니다.

만약 여러분이 누군가를 사랑하게 된다고 상상해 봅시다. 그게 누구인들, 이건 굉장한 일이죠. 기쁨도 당연히 약속된 거고요. 얼마나 기쁜 일인지! 세상에 태어나서 꼭 경험해봐야 할 일이죠.

그런데 내가 사랑하는 그 사람이 나를 사랑하지 않는다면, 나를 여기까지 다가서게 한 그 용기는 뭐가 되나요? 열렬히 원하고, 바라보고, 다가가고, 누군가를 안아주고 싶게 했던 그 격렬한 감정은 뭐가 될까요? 그 감정은 내게서 쓰라리게 등을 돌릴 수도 있죠. 그러면 우리는 눈물을 흘립니다. 이젠 아무것에도 관심이 가지 않죠. 인생도 그 맛을 잃어버립니다. 사랑의 슬픔이죠.

슬픔의 정체를 똑바로 인식한다는 것, 그건 기쁨을 향해 새롭게 마음을 열 기회이기도 하답니다. 먼저 우리를 뒤흔드는 이 격정을 인정하지 않는 한, 우리는 절대 그 감정과 대면할 수 없습니다. 그렇게 되면 우리가 아무리 막으려 해도 그 격렬한 감정이 나와서는 안 될 자리에서 갑자기 튀어나올 위험이 있습니다. 그리고 친구들, 부모님들처럼 우리를 우울한 상태에서 벗어나게 해주려 애쓰는 가까운 사람들을 함부로 대하게 될 수도 있고요. 혼자 틀어박히게 될 수도 있죠. 내면

^♪$%^*
∞^#♪%x
@)*:{{~"

을 지배하는 감정에다 자기를 노예로 바치는 꼴이죠. 우리의 자유는 여전히 참 멀리도 있군요.

부정적인 감정의 정체를 똑바로 인식한다는 것은 그 감정을 부인하는 게 아니랍니다. 그 감정에 두려움이나 부끄러움을 느끼는 것도 아니고요. 그래요, 누군가 나를 아프게 할 때, 그것도 내게 매우 소중하거나 내 삶에서 가장 가치 있다고 생각하는 것들을 거절당할 때, 우리는 정말 못된 생각을 하게 될 수 있죠. 맞아요. 이런 일 안 겪어본 사람, 없죠. 우리가 분노를 글로 쓴다면, 증오를 그림으로 그린다면, 우리를 뒤흔들거나 아프게 하는 것에 리듬을 붙인다면 괴로움은 조금씩 덜어질 거예요. 이건 동생에게 욕을 하거나 뭔가 물건을 깨부수면서 얻는 위안과는 전혀 다른 겁니다. 전혀 다르죠. 이건 다른 위안입니다. 숨쉬기부터가 더 편안해지니까요. 그리고 지속적이죠. 우리가 원하면 이렇게 다시 또 한 번 할 수 있고요.

게다가 이건 아무에게도 상처를 주지 않습니다.

여러분은 자기만 보는 일기장에다 최악의 생각을 적을 수도 있어요. 그런다고 아무도 다치지 않으니까요. 만일 그거 말고도 자기 괴로움을 덜어내기에 딱 맞는 방법을 찾는다면, 그때는 그 방법을 다른 사람에게 이야기해줄 수도 있겠지요. 그러면 서로에게 더 강렬하고 더 괜찮은 일이 일어날 겁니다.

기쁨이 돌아올 수 있게 되지요.

공유(共有)한다는 기쁨이죠.

하지만 진정한 공유는 여러분 스스로 자기가 느끼는 감정을 받아들였을 때에만 생겨날 수 있답니다.

거기서도 마찬가지로, 아무도 여러분의 자리에 있어줄 수 없답니다. 사람들이 아무리 ‘그런 감정에 빠져 있을’ 필요가 없다고 끊임없이 얘기한다고 해도, 꼭 그 말에 따를 의무도 없죠. 그 ‘감정’은 여러분의 것입니다. 그 감정은 영원하지 않아요. 다행이죠. 하지만 그건 여러분의 것이고, 여러분은 그걸 가지고 뭔가를 해내야만 하는 겁니다.

우리가 겪고 또 우리와 가까운 사람들이 겪는 격렬한 감정들은 대부분 두려움을 불러일으킵니다. 이런! 두려움이 또 하

나 추가됐네요.

이르든 늦든 그 감정을 우리가 조절할 수 있다는 사실을 믿으면 공포는 조금씩 사라진답니다. 그 공포로부터 해방되는 거죠.

그리하여 우리는 우리 자신의 삶을 더 잘 살게 됩니다.

기쁨은 이렇게 다시 한 번 우리에게 놀라움을 안겨줍니다.

제 아버지의 죽음 이후 어머니는 몇 달을 슬픔으로 지새웠습니다. 저한테는 보통 괴로운 일이 아니었죠. 부모님 두 분을 한꺼번에 잃은 듯한 느낌이었어요. 어머니는 평소 기쁨에 충만한 사람이었는데, 이제 그 기쁨이 어머니를 버린 것 같았어요.

그러다 하루는 어머니가 새 한 마리를 바라보는 걸 봤습니다. 여름이었고, 우리는 늘 다같이 모여서 휴가를 떠났거든요. 고개를 들어 뭔가 골똘히 바라보는 어머니의 모습에서 저는 어머니가 뭔가를 되찾았다는 걸 알았습니다. 저도 그 뭔가를 알아볼 수 있었고요. 어머니는 평소 노래하는 것, 쑥쑥 자라나는 것이라면 무엇이든 흥미롭게 지켜보곤 하셨지요.

순간, 가늠할 수도 없는 큰 기쁨이 가슴속에 차올랐습니다. 어머니는 자기만의 기쁨을 되찾았던 겁니다.

기쁨이
환하게
빛납니다

행해지는 데는 아무 노력도 할 필요 없다는 거, 알고 있나요?

괴로움은 우리가 아무것도 하지 않아도 찾아옵니다.

그리고 대체로 우리 발밑에 있지요. 쉽죠. 까다롭지도 않고 잠자코 있으니 언제라도 가져다 쓸 수 있고요. 허리만 굽히면 주울 수 있어요.

괴로움은 진작부터 거기 있었거든요. 우리가 걱정을 하기도 전부터 거기 있었던 경우가 대부분이에요. 우리는 도착도 하지 않았는데, 이미 준비가 끝나 있는 거죠.

우리는 자기가 언제 태어날지, 어디서 태어날지를 선택하지 않습니다. 더 들어가 보자면, 우리가 태어났을 때 이미 결정돼 있는 가족과 조상들도 선택한 게 아니고요.

도대체 인생에서 우리가 자유롭게 선택할 수 있는 게 뭐란

말인가요?

　그러나 기쁨은 온전히 우리의 것입니다. 우리에게 특별한 것이죠. 마치 잘 어울리는 옷이 몸에 잘 맞기도 하는 것처럼, 그 기쁨은 우리 삶과 우리 이야기에 쏙 들어와 있습니다.

　기쁨은 우리에게 섬광처럼 번쩍하며 다가올 수도 있고, 한 걸음 한 걸음 신중하게 올 수도 있죠. 우리는 기쁨을 길들일 수 있어요. 그건 우리의 자유죠.

　더 얘기해 보지요. 어린 시절, 우리는 선택할 수 있는 게 거의 없습니다. 어떤 나라에서 자랐든 사회적 계급, 사용 언어나 종교 유무에 상관없이 인생 초기에는 대체로 선택권이 없지요. 몇 해 전에 본 1980년대 알제리 영화 〈내 아들을 위한 여자〉가 기억나네요. 영화에서 나이 든 아버지가 어느 날 저녁 자기 부인에게 얘기합니다. 아들을 위한 여자를 골라주는 것이 당연하다고 말이죠. 사람은 태어날 때 날씨도 국적도 선택하지 않는다는 걸 이야기하면서, 결혼할 여자를 선택하는 것도 아들 자신이 아니라고 말합니다.

저는 바로 그 부분에 동의하지 않습니다.

인생의 정말 많은 요소들이 모여서 우리가 첫 발걸음을 내딛는 땅을 이루지요.

그 이후, 원하는 곳으로 발걸음을 이끄는 것은 우리 자신의 몫입니다. 그런 점에서 우리는 자유로운 존재죠.

이 세상에 존재한다는 기쁨에 다가가는 방식은 우리 각자가 다 달라요. 저는 제 기쁨이 글쓰기와 독서라는 걸 한참을 지나서야 깨달았습니다. 그리고 제 인생에서 차츰 더 많이 그 기쁨들을 맞이할 수 있도록 노력했지요.

그럼 여러분의 기쁨은 뭐죠? 자기만의 기쁨을 찾고 그 기쁨에 생명을 주는 것은 우리 각자에게 아주 흥미진진한 탐험이랍니다.

여러분이 할 수 있는 데까지 용기를 내서 그 탐험을 끌어가

기 바랍니다.

　자기만의 기쁨을 향유하며 사는 사람들은 그들이 만나는 다른 사람들에게도 '행복이 마르지 않는 샘'입니다. 기쁨은 자기만 아는 이기주의자가 아니거든요. 기쁨은 멀리까지 환하게 빛을 냅니다.

　여러분 모두가 가능한 한 멀리까지 빛을 낼 수 있기를 바랍니다. 여러분 모두가 그곳에서 더 아름다운 인생을 발견하게 될 겁니다.

　여러분, 감사합니다.